Dalai Lama

Das kleine Buch vom rechten Leben

HERDER spektrum

Band 4949

Das Buch

Wie finde ich wirkliche, tiefe Zufriedenheit? Wie sollten wir leben, um glücklich zu werden? Solche Fragen stehen im Mittelpunkt dieses Buches, das zentrale Texte vereint, in denen der Dalai Lama sich ganz alltäglichen Problemen widmet. Der Zustand der Welt und der Zustand des einzelnen hängen eng zusammen, so lautet seine Grundbotschaft, die er in diesem Band ganz konkret auf die Lebenssituationen jedes Einzelnen bezieht. Nicht der buddhistische Philosoph, nicht der politische Führer des tibetischen Volkes, sondern der spirituelle Freund, der scharfsinnige, mitfühlende und humorvolle Kenner der menschlichen Grundsituation meldet sich hier zu Wort. Die Anliegen der Menschen mit offenem Herzen im Blick, gibt der Dalai Lama Antworten auf Fragen nach dem wahren Glück, der tieferen Zufriedenheit, dem Umgang mit eigenen Grenzen, dem Vertrautmachen mit dem Tod und dem eigenen Beitrag zur Verantwortung für das Leben auf dieser Welt: „Liebe, Mitgefühl und Toleranz sind Notwendigkeit, nicht Luxus. Ohne sie kann die Menschheit nicht überleben."

Der Autor

Der 14. Dalai Lama ist das religiöse und politische Oberhaupt des tibetischen Volkes, Träger des Friedensnobelpreises. Bei Herder Spektrum: Einführung in den Buddhismus (4183); Der Friede beginnt in dir (4451); Der Weg des tibetischen Buddhismus (4900); Tag für Tag zur Mitte finden. Lesebuch durch das Jahr (5236); Zeiten des Friedens (4065); Der Weg zum Glück. Vision des Herzens. Wieso ich optimistisch in die Zukunft sehe (4727).

Der Herausgeber

Dirk Kron, selbständiger Trainer/Moderator, tätig in Bildung und Beratung, Leiter von Zukunftswerkstätten, lebt in Freiburg.

Dalai Lama

Das kleine Buch vom rechten Leben

Herausgegeben und eingeleitet von Dirk Kron

HERDER

FREIBURG · BASEL · WIEN

6. Auflage

Gedruckt auf umweltfreundlichem,
chlorfrei gebleichtem Papier

Originalausgabe

www.herder.de
Herstellung: fgb · freiburger graphische betriebe 2002
www.fgb.de
Umschlaggestaltung und Konzeption:
R · M · E München / Roland Eschlbeck, Liana Tuchel
Umschlagfoto: Anselm Spring
ISBN 3-451-04949-X

Inhalt

KAPITEL 3

VON DER VERANTWORTUNG FÜR SICH UND DIE WELT

KAPITEL 4

VON DER VERANTWORTUNG IN DER LIEBE

KAPITEL 7

VON DER KUNST, EIN ACHTSAMES LEBEN ZU FÜHREN

Einleitung

Unser Lebensalltag ist geprägt von vielfältigen Aufgaben und Verantwortungen: Entscheidungen sind zu treffen, Informationen einzuholen, Vor- und Nachteile abzuwägen. Wir verbringen viel Zeit damit, Pläne zu machen und unser Leben zu organisieren. Und stellen immer wieder fest, daß die Dinge eine andere Richtung nehmen, als von uns vorgesehen. Wir wissen am Morgen nicht, was uns der Tag bringen wird. Und am Abend, vor dem Einschlafen, wundern wir uns erschöpft, was alles geschehen ist. Viele unserer täglichen Aufgaben werden zur Routine, sie gehen leicht und fast unbemerkt von der Hand. Anderes fällt uns schwer, und manches begleitet uns durchs Leben wie der sprichwörtliche Stein von Sysiphos. Vielleicht machen uns unsere Ängste immer wieder einen Strich durch die Rechnung. Oder der innere Aktionismus läßt uns achtlos über Möglichkeiten hinweggehen, in anderer Weise zu handeln.

Zudem wird die Welt immer komplexer und das Leben unübersichtlicher. Werte verschieben sich oder werden zur Karikatur ihrer selbst. Umbrüche in der Welt der Arbeit, der Bildung, der Familie und Erziehung stellen das Vertraute in Frage. Auch das Konzept von wirtschaftlichem Wohlstand und stetem Wachstum verheißt kein dauerhaftes Glück mehr. Die Welt der Sicherheiten zeigt längst Risse. Und im Dschungel der Fragen verliert man leicht den eigenen Weg.

Hier setzt die Botschaft des Dalai Lama an, einem ebenso bescheidenen Menschen wie einer herausragenden Persönlichkeit unserer Epoche. Zeiten des Wandels und der Veränderung sind eine Herausforderung. Und gleichsam eine Aufforderung an jeden einzelnen, mit Herz und Verstand nach Klarheit zu streben. Es gilt, das Vertraute zu überprüfen, neue, gemeinsame Sichtweisen zu entwickeln und die Unübersichtlichkeit dieser Zeit zu gestalten – aus einer bewußten Haltung heraus. „Gerade im täglichen Lebenskampf ist es wichtig, innere Ruhe und Klarheit zu entwickeln. Mit einer solchen Haltung lassen sich alle Widerwärtigkeiten besser lösen, als wenn wir uns von Gefühlen wie Haß, Egoismus, Eifersucht und Wut überwältigen lassen", sagt der Dalai Lama in einem Interview und fügt hinzu: „Es geht um nichts anderes, als um Liebe und Mitgefühl im eigenen Herzen wachsen zu lassen und die innere Unruhe, von der wir geplagt sind, zu überwinden."

Diese Worte werden vor dem Hintergrund der persönlichen Biographie des Dalai Lama noch eindrücklicher. Im Alter von zwei Jahren wurde Tenzin Gyatso in Amdo, in Osttibet, als vierzehnte Inkarnation in der Reihe der Dalai Lamas erkannt. Mit vier Jahren trennte man ihn von seiner Familie und brachte ihn in die tibetische Hauptstadt nach Lhasa. Dort begannen Jahre intensiven Lernens und Studierens. Während China 1950 seine Truppen in Tibet einmarschieren ließ, ernannte man den damals Fünfzehnjährigen zum geistigen und weltlichen Oberhaupt des Tibetischen Volkes.

Seit seiner Jugend trägt er als Staatsoberhaupt und spiritueller Führer Verantwortung für sein Land. 1959 floh der Dalai Lama aus Lhasa und lebt seither im indischen Dharamssala im Exil. Von dort mußte er miterleben, wie in Tibet die chinesischen Besatzer Menschen einsperren, foltern und töten ließen. Die Mehrzahl der Klöster wurde durch diese Politik zerstört, die religiöse und kulturelle Identität eines Volkes fast ausradiert. Bis heute wird Tibet, das Dach der Welt, ökonomisch wie ökologisch ausgebeutet.

Doch auch angesichts des immensen Leidens in seiner Heimat blieb der Dalai Lama ein Mensch des Dialogs, des Friedens und der Versöhnung. Immer wieder hat er sich um eine Verständigung mit den chinesischen Machthabern bemüht. Für seine Anstrengungen, die Unabhängigkeit Tibets auf konsequent friedliche Weise zurückzuerlangen, wurde er 1989 mit dem Friedensnobelpreis ausgezeichnet. Doch noch immer ist ihm eine Rückkehr in sein Land verwehrt, ebenso wie seinem Volk die Selbstbestimmung.

Wer dem Dalai Lama heute bei seinen Vortragsreisen begegnet, wird keinen Groll, keinen Haß und keine Verzagtheit in seinem Wesen erkennen. Seine Zuhörer überrascht er mit erfrischendem Humor, aufrichtiger Freundlichkeit und menschlicher Wärme und Güte. Treffend formuliert hat diese Haltung Michael Goodman, der einmal über den Dalai Lama sagte: „Daß er dem Schicksal nach all dem, was er während der letzten drei Jahrzehnte ertragen mußte, ins Gesicht zu lachen vermag, läßt nur den Schluß zu, daß er als Mensch seinen inneren Frieden gefunden hat."

In diesem Buch sind Texte des Dalai Lama zusammengetragen, die sich mit Fragen des Alltags, der Lebensgestaltung, des Todes und der Bewältigung von Schwierigkeiten befassen. Auch ohne große Vorkenntnisse der tibetisch-buddhistischen Philosophie und Tradition sind seine Aussagen verständlich und regen zum Nachdenken an. Die Textstellen sollen den Leser einladen zum Verweilen und Innehalten. Sie sind Inspirationen in Zeiten der Unübersichtlichkeit und geben Anregungen für das eigene Denken und Handeln. Ein detailliertes Quellenverzeichnis am Ende des Buches ermöglicht dem interessierten Leser eine vertiefende Beschäftigung mit der Gedankenwelt dieses großen Lehrers.

Als Herausgeber danke ich dem Verlag für die Möglichkeit, dieses Buchprojekt Wirklichkeit werden zu lassen. Meinen Freunden und meiner Partnerin verdanke ich Unterstützung und Inspiration. Mein besonderer Dank gilt dem Verfasser der Texte, Seiner Heiligkeit dem Dalai Lama, aus dessen reichhaltigem Schatz an Veröffentlichungen ich schöpfen durfte.

Dirk Kron La Longine/Freiburg, im Juli 1998

Der Einzelne könne doch nichts bewirken,
entspricht nicht dem buddhistischen
Weltbild ...
Kleine Anstöße können eine Lawine ins
Rollen bringen.
Es ist der Bewußtseinswandel vieler,
der Veränderungen hervorbringen kann.
Dies gilt auch für den politischen Bereich.

Tenzin Gyatso, XIV. Dalai Lama, 1997

KAPITEL 1

VON DER SUCHE NACH GLÜCK UND ZUFRIEDENHEIT

Unser Recht auf Glück

Bestimmt sind Zufriedenheit, Freude und Glück die höchsten Ziele im Leben. Und die Quelle für das Glücklichsein ist ein mitfühlendes und liebendes Herz. Schon vom Augenblick an, in dem der Mensch in diese Welt eintritt, sehnt er sich nach dem Glück und versucht instinktiv, das Leid zu vermeiden. Dabei spielt es keine Rolle, in welche Gesellschaftsschicht jemand hineingeboren wurde, welche Bildung er hat, unter welcher Ideologie er aufgewachsen ist oder in welchem Land er lebt. Auch wenn ich kein politisches System kenne, das allen anderen überlegen ist, sollte doch jeder in seinem Land ein Recht auf das Glück haben.

Mitgefühl und Weisheit, 99

Inneres Glück ist etwas sehr Wertvolles

Alle Lebewesen, und ganz besonders wir Menschen, sind von dem Wunsch bewegt, glücklich zu sein und dem Leiden zu entgehen. Dies ist eine Tatsache, die niemand bestreiten wird. Von dieser fundamentalen Gegebenheit ausgehend haben wir jedes Recht auf Glück und auf den Einsatz der verschiedensten Mittel und Wege, um das Leiden abzuwenden und glücklicher zu leben. Bei der Verfolgung dieses Zieles darf jedoch nicht gegen die Rechte anderer verstoßen werden, noch darf daraus verstärktes Leiden für sie hervorgehen. Die positiven und negativen Konsequenzen der verschiedenen Maßnahmen müssen sorgfältig bedacht werden. Man muß wissen, daß zwischen kurz- und langfristigen Interessen und Konsequenzen ein Unterschied besteht und daß im Falle eines Konflikts zwischen beiden die langfristigeren Interessen stärker ins Gewicht fallen.

Unsere Erfahrungen und Gefühle stehen gemeinhin in Zusammenhang mit unserem Körper und unserem Geist. Inneres geistiges Glück ist – wie wir aus eigener Erfahrung wissen – etwas sehr Wertvolles. So können zwei Menschen mit der gleichen Art von Tragödie konfrontiert sein, und doch kann der eine dank seiner geistigen Einstellung besser damit fertigwerden.

Ich halte diese Vorstellung für falsch, daß sich alle menschlichen Probleme auf technischem oder materiellem Wege lösen lassen. Natürlich ist materieller Komfort äußerst nützlich. Gleichzeitig versteht es sich aber von selbst, daß unsere Probleme dadurch nicht zum Verschwinden gebracht werden. Im Gegenteil, die Konsumgesellschaft bringt verstärkte Frustration und innere Unruhe hervor. Wir Menschen funktionieren eben nicht mechanisch, wir sind nicht mit einem Maschinenprodukt vergleichbar, sondern wir sind lebende Wesen. Denken wir daran, daß wir innere Fähigkeiten und tiefere Werte haben!

Ich glaube, daß ein wirklich glückliches Leben mit inneren und äußeren Mitteln angestrebt werden muß, oder anders gesagt – durch materielle ebenso wie durch geistige Entwicklung. Statt geistig könnte ich auch spirituell sagen, ohne daß ich dabei notwendigerweise an irgendeine Art von religiösem Glauben denke. Wenn ich hier das Wort „spirituell" gebrauche, meine ich damit die grundlegend guten Eigenschaften der menschlichen Natur: Warmherzigkeit, Verantwortungsgefühl, Aufrichtigkeit, Disziplin und Intelligenz, die von einer positiven Motivation gesteuert wird. All dies ist von Anfang an in uns angelegt und stellt sich nicht etwa erst im Laufe unseres Lebens ein. Der religiöse Glaube allerdings kommt erst später. Der Glaube hat, wie ich meine, zwei verschiedene Aspekte: Zum einen wird hier von Gott, dem Allmächtigen oder – was den Buddhismus angeht – vom Nirvana und dem nächsten Leben gesprochen. Zum anderen lehren uns alle Religionen und spirituellen Überlieferungen, gute, warmherzige Menschen zu sein und damit einfach die uns angeborenen guten Eigenschaften zu fördern und zu verstärken.

Wir Menschen haben alle das gleiche Potential, es sei denn unser Gehirn ist auf irgendeine Weise in seiner Funktion gestört. Das erstaunliche menschliche Gehirn ist die Quelle unserer Kraft und unserer Zukunft – vorausgesetzt wir nutzen es in der rechten Weise. Wenn der Geist des Menschen falsch genutzt wird, ist dies ein echtes Unglück. Wir Menschen als die höchstentwickelten Lebewesen dieses Planeten haben die Möglichkeit, nicht nur unser eigenes Leben glücklich zu gestalten, sondern auch anderen Wesen zu helfen. Wir besitzen eine natürliche schöpferische Qualität, und es ist wichtig, daß wir uns dessen bewußt sind.

Mit dem Herzen denken, 10–13

Auf die Einstellung kommt es an

Zufriedenheit ist die Voraussetzung für Glück. Zwar sind auch körperliche Gesundheit, materieller Wohlstand, Gefährten und gute Freunde wichtige Faktoren. Doch Zufriedenheit ist der Schlüssel für das, was wir aus diesen Faktoren herausholen.

Was den Körper angeht, so läßt sich feststellen, daß durch ein zu großes Anhaften Probleme entstehen können. Aus diesem Grund betrachtet man in der buddhistischen Geistesschulung den Körper von einem ganz anderen Blickwinkel her und versucht, seine Natur zu analysieren. Mir hilft dies sehr. Ich denke darüber nach, woher mein Körper kommt, und reflektiere das Wesen von Blut, Fleisch und Knochen. Der Körper ist nichts Reines. Schon der Geburtsvorgang ist blutig. Und egal, wie anziehend und gepflegt er von außen wirkt, immer gibt es eine Menge nicht so sauberer Dinge! Von der Haut verhüllt kann er manchmal sehr schön sein, doch schaut man ihn sich näher an, dann ist dieser Körper wirklich abscheulich. Auch wenn man noch so hübsch angerichtete, gut riechende und wohlschmeckende Dinge ißt, so läßt sich nicht verhindern, daß sie im Körper zu etwas Unappetitlichem werden. Ohne diese schmutzigen Aspekte des Körpers gibt es kein Überleben. Dies gilt keineswegs nur für andere, sondern genauso für unseren eigenen Körper! Was noch wichtiger ist: Unseres Körpers wegen kennen wir Krankheit, Alter, Schmerz und Tod. Und doch ist er, all diesen Mängeln zum Trotz, aufgrund der Intelligenz, die man im Dienste vieler großer Werke nutzen kann, sehr kostbar und wertvoll.

Es ist also hilfreich, wenn unser Haften am Körper zu

sehr überhandnimmt, über seine unreinen Aspekte zu meditieren und insbesondere über seine Herkunft, seine Komponenten und Funktionen nachzudenken, damit unsere Einstellung zu ihm realistischer und gelassener wird.

Wenn unsere Einstellung zu materiellem Besitz und Reichtum nicht stimmt, kann dies zu extremem Haften an unserem Eigentum, unserem Haus, den persönlichen Dingen führen. Daraus wird dann leicht das Unvermögen, zufrieden zu sein, und wenn dies der Fall ist, hat man ein ständiges Gefühl des Frustriertseins. In gewisser Weise ist man dann wirklich arm, denn das Leiden der Armut ist das Leiden, etwas haben zu wollen und den Mangel zu empfinden, es nicht zu haben. Mit dieser Armutsmentalität wird man – obwohl man möglicherweise schwerreich ist – immer ein Mangelgefühl haben und nach mehr verlangen.

Auf der anderen Seite sind materielle Güter für das Funktionieren unserer Gesellschaft von entscheidender Bedeutung, denn die Entwicklung materiellen Wohlstands der einzelnen trägt in gewisser Weise zum Wohl der Allgemeinheit bei. Dazu bedarf es, was ich einen gesunden Wettstreit nennen würde, ohne den es wahrscheinlich keinen richtigen Fortschritt und keine materielle Entwicklung gäbe. Man muß sich nur im klaren über die Art dieses Wettstreits sein. Es muß sich um eine Art von freundschaftlichem Konkurrieren handeln, das nicht auf die Vernichtung von Rivalen oder andere Menschen abzielt, sondern mehr im Sinne eines stimulierenden Faktors für Wachstum und Fortschritt wirkt.

Zu dieser Notwendigkeit eines Wettbewerbs im Dienste des materiellen Fortschritts gibt es im Buddhismus eine Parallele in bezug auf die spirituelle Entwicklung. Das Fundament des buddhistischen Weges besteht darin, Zuflucht zu den Drei Kostbarkeiten zu nehmen, zum Buddha, zum Dharma (der Lehre) und zum Sangha (der spirituellen Gemeinschaft). Mit dem Buddha als einem vollkommen erleuchteten Wesen ist ein Konkurrieren kaum möglich. Zwar kann Sie das Beispiel des Buddha inspirieren, doch messen können Sie sich nicht mit ihm. Im Sangha aber finden Sie sicherlich Gefährten, die noch am Anfang ihres Weges zur Erleuchtung stehen. Wenn Sie über den Sangha nachdenken, können Sie ein Gefühl der Ermutigung empfinden. Sie fühlen, daß Sie mit anderen mithalten können. Dies ist ein gesundes Konkurrieren. Sie können dem Beispiel jener, die Ihnen voraus sind, in der Zuversicht nacheifern, deren Stand zu erreichen.

Die Objekte unseres Vergnügens, Verlangens und materiellen Wohls werden in der buddhistischen Literatur in fünf Kategorien eingeteilt: Form, Klang, Geruch, Geschmack, Gefühl. Ob uns aus diesen Objekten unseres Verlangens Glück und Befriedigung oder aber Leiden und Unzufriedenheit entstehen, hängt weitgehend davon ab, wie wir unsere Intelligenz anwenden.

Auch unsere Beziehung zu Freunden und Gefährten weist verschiedene Möglichkeiten auf. Die eine Form des Umgangs mit ihnen kann zu zusätzlichem Leiden und Frustration führen, eine andere dagegen zu Befriedigung, Bereicherung und Glück. Auch hier hängt alles vom Einsatz unserer Intelligenz ab.

Mit dem Herzen denken, 18–22

Was unser Glück ausmacht

Auf der allgemeinen, menschlichen Ebene machen Gesundheit, materieller Wohlstand und gute Freunde unser Glück aus. Was die Gesundheit betrifft, so sind negative Emotionen ihr sehr abträglich. Da uns meist viel daran liegt, unsere Gesundheit zu erhalten, kann uns die richtige geistige Einstellung hier eine Hilfe sein. Unser Geist sollte immer in Gelassenheit verweilen, auch wenn man von Angst überfallen wird, wie das zwangsläufig im Leben vorkommt. Diese Verstörungen sind kurzlebig, wie Wellen, die sich aus dem Wasser erheben und wieder zurücksinken. Deshalb sollte Ihre geistige Grundeinstellung davon nicht berührt werden. Wenn Sie gelassen bleiben, bleibt auch Ihr Blutdruck normal, was für Ihre Gesundheit förderlich ist. Ich habe keine wissenschaftliche Erklärung dafür, ich weiß nur, daß meine eigene körperliche Verfassung sich mit zunehmendem Alter verbessert, obwohl ich immer die gleiche Arznei einnehme, den gleichen Arzt habe, das gleiche Essen. Es muß also an meiner geistigen Einstellung liegen. Manchmal sagt man mir: Sie haben sicherlich ein tibetisches Spezialmittel. Nein, habe ich nicht!

Wie ich schon sagte, war ich in meiner Jugend ziemlich jähzornig. Ich entschuldigte das manchmal damit, daß auch mein Vater jähzornig war, so, als ob es etwas Erbliches sei. Heute aber habe ich keinerlei Haßgefühle mehr, selbst nicht gegen jene Chinesen, die den Tibetern Elend und Leid verursachen.

Einige meiner engen Freunde, die den Dharma praktizieren, leiden unter zu hohem Blutdruck und haben trotzdem keinerlei gesundheitliche Krisen, sie fühlen sich nie erschöpft. Andere Freunde leben in großem materiellen Wohlstand, beginnen aber nach dem Austausch der ersten Begrüßungsworte gleich zu klagen und zu jammern. Trotz ihrer angenehmen Lebensumstände kennt der Geist dieser Menschen keine Ruhe und keinen Frieden, und folglich machen sie sich ständig Sorgen über ihre Verdauung, über ihren Schlaf – einfach über alles. Geistige Ruhe und Gelassenheit sind also eine wichtige Bedingung für gute Gesundheit. Hierfür brauchen Sie keinen Arzt, schauen Sie in Ihr Inneres, versuchen Sie etwas von Ihrem Potential zu nutzen. Dies kommt außerdem billiger!

Der zweite Umstand, der zu unserem Glück beiträgt, ist materieller Wohlstand und Komfort. Ob wir aus seiner Nutzung Befriedigung ziehen oder nicht, hängt wiederum von unserer geistigen Einstellung ab. Manchmal, wenn ich früh aufwache und auf meine Uhr blicke, fühle ich mich bedrückt. An anderen Tagen ist meine Stimmung angenehm und friedlich, vielleicht aufgrund von Vorkommnissen am Vortag. Wenn ich dann auf meine Uhr blicke, scheint sie mir wunderschön. Die Uhr ist doch dieselbe, nicht wahr? Es ist meine geistige Einstellung, die den Unterschied macht.

Es tut den Dingen, die unseren materiellen Komfort ausmachen, nicht gut, wenn unser Geist von Wut beherrscht wird. Um wieder ein Beispiel aus meiner eigenen Erfahrung zu geben: Als ich jung war, versuchte ich manchmal Uhren zu reparieren, was mir oft mißlang. Es konnte vorkommen, daß ich dann die Geduld verlor und der Uhr einen Hieb versetzte. Während dieses Augenblicks wurde meine gesamte Einstellung durch den Haß verändert, und danach tat mir mein Verhalten sehr leid. Ich wollte die Uhr doch reparieren, warum sie also auf den Tisch hauen? Auch hier können sie wieder sehen, daß die geistige Einstellung entscheidend ist, um unsere materiellen Gegebenheiten zu unserer Befriedigung nutzen zu können.

Die dritte Voraussetzung für Glück und Zufriedenheit sind gute zwischenmenschliche Beziehungen. Es ist leicht einzusehen, daß innere Gelassenheit und Ruhe uns aufgeschlossen und fair machen.

...

Übrigens: Würde dieser Vierzehnte Dalai Lama weniger lächeln, hätte er bestimmt weniger Freunde. Ich begegne anderen stets auf der Ebene von Mensch zu Mensch. Auf dieser Ebene gibt es zwischen Präsident, Königin und Bettler keinen Unterschied. Echtes Gefühl ist wichtiger als Status. Ich bin nur ein einfaches menschliches Wesen, das durch seine Erfahrung und geistige Disziplin eine in gewisser Weise neue Einstellung entwickeln konnte. Dies ist nichts Besonderes. Sie, die Sie bestimmt eine bessere Erziehung und mehr Erfahrung haben als ich, haben ein größeres Potential, sich innerlich zu wandeln. Ich komme aus einem winzigen Dorf und hatte im Alter von fünfzehn Jahren eine unvorstellbare Verantwortung zu übernehmen. Sie alle sollten sich deshalb von dem großen Potential überzeugen, das Sie besitzen, und wissen, daß Sie sich mit Selbstvertrauen und etwas mehr Bemühen wirklich ändern können, wenn Sie es nur wollen! Konzentrieren Sie sich weniger auf die negativen Seiten, wenn Ihnen Ihr Leben unerfreulich scheint oder wenn Sie Schwierigkeiten haben! Sehen sie die positive Seite, sehen sie das Potential, geben Sie sich Mühe! Dies allein schon garantiert Ihnen einen gewissen Erfolg. Wenn wir unsere ganze Energie und unsere Qualitäten als Menschen nutzen, können wir unsere Probleme überwinden.

Ausschlaggebend für die Beziehung zu unseren Mitmenschen ist also unsere geistige Einstellung. Sie ist der Schlüssel zu unserem Glück und Wohlergehen. Dies gilt für alle, auch für die, die an nichts glauben, die einfach nur aufrechte menschliche Wesen sind. Auch für die, die gesund sind, ihren Wohlstand in der richtigen Weise nutzen und erfreuliche Beziehungen zu ihren Mitmenschen haben, gilt, daß der Ursprung unseres Glücks im Inneren liegt und nicht in diesen Dingen.

Mit dem Herzen denken, 49–55

Reichtum ist keine Garantie für Glück

Das Glück hat viele Ebenen. Ich stelle mir das Glück als ein harmonisches Zusammenspiel von innerem Frieden im Herzen des einzelnen Menschen und von äußerem Weltfrieden unter den Völkern vor. Und ich wünsche mir möglichst großen Wohlstand für alle Erdbewohner. Armut und Elend bringen kein glückliches Leben. Man muß seine Grundbedürfnisse befriedigen können, man braucht zu essen, sauberes Wasser und ein Dach über dem Kopf. Das gilt für alle Kulturen.

Mancher meint, daß Menschen, die in Saus und Braus leben und ohne große Anstrengungen ihre Tage genießen, ein wirklich glückliches Leben führen. Aber Reichtum ist keine Garantie für das Glück. Oft wachsen mit dem Geld auch die Sorgen. Je mehr man besitzt, desto mehr kann man auch verlieren. Kaum hat man etwas erworben, schon ängstigt man sich vor dem Verlust. Wer sich aus purer Habgier etwas kauft, wird bald merken, daß es andere gibt, die noch mehr besitzen. Man kommt auf diesem Weg nie zur Ruhe.

Es gibt zwei Arten, Glück und Leid zu erfahren, auf der geistigen und auf der körperlichen Ebene. Ich glaube, daß die geistige Ebene ausschlaggebend ist. Daher scheint es mir so wichtig zu sein, daß wir unseren Geist üben. So können wir dem Unglück mit größerer Gelassenheit begegnen und für das Glück empfänglicher werden.

Mitgefühl und Weisheit, 97

Ichbezogenheit führt zum Ruin

Wir alle wollen Glück und haben ein Recht darauf, es zu erlangen. Daher haben wir alle ein Recht auf andauerndes Glück, auf Erfolg und auf das größte Gut. Aber obwohl es genau das ist, was wir wollen, wissen wir nichts von den Ursachen des Glücks. Und obwohl wir kein Leid wollen, wissen wir ebensowenig, was es verursacht. Also ist Leiden wie eine Unannehmlichkeit, die wir uns selber bereiten. Heute sind wir zu einem Leben als freier und glücksbegünstigter Mensch gelangt und auf die Lehre und Praxis des Buddha gestoßen. Insbesondere haben wir einen gewissen Einblick in die Lehren des Großen Fahrzeugs gewonnen. Darum ist es äußerst wichtig, die Dinge aus einer weiterreichenden Perspektive, unter einem tiefgründigeren Blickwinkel zu betrachten und uns in unserer Denkweise nicht zu irren.

Wenn wir ganz bei der Sache sind, gewahren wir: Ein Faktor unserer mißlichen Lage besteht darin, daß wir, wer wir auch sein mögen, andere mißachten und um uns liebevoll besorgt sind. Wenn man nur mit sich beschäftigt ist, muß man sein Leben unter den übelsten Umständen verbringen. Man wird in elenden Verhältnissen wiedergeboren werden. Selbst wenn man als Mensch wiedergeboren wird, wird man ein kurzes Leben haben, häufig erkranken und ständiger Kritik und Beschimpfungen ausgesetzt sein. Alle derartigen Mißgeschicke rühren davon her, daß man ichbezogen andere mißachtet.

Schwächen wir die Hartnäckigkeit unserer ichbezogenen Einstellung und stärken wir unsere Besorgnis um andere, indem wir versuchen, ihnen soviel wie irgend möglich zu helfen, dann werden wir glücklicher sein, mehr Freunde haben und nicht das geringste Bedauern verspüren. Daher ist die Sorge um andere die Wurzel allen Glücks, während die Ichbezogenheit zum Ruin führt. Betrübnis, Angst und Alpträume sind alle der Ichbezogenheit zuzuschreiben. Wenn man um andere besorgt ist, hat man keinen Grund, sich zu ängstigen. Selbst für jene, die kein Interesse an spiritueller Entwicklung haben, gilt: Je mehr eine Einzelperson eine positive Gesinnung und ein Gefühl allumfassender Verantwortung entwickelt, desto glücklicher wird sie sein. Die betreffende Person wird eher Zugang zu angenehmen Erleichterungen haben. Man wird ihr bereitwilliger Hilfe anbieten.

Den Geist erwecken ..., 208–209

Glück ist nicht käuflich

Daß Kaufen glücklich macht, ist eine Täuschung. Obwohl Naturwissenschaft und Technik einen wichtigen Beitrag für das Wohlbefinden der Menschen geleistet haben, können sie das Glück des Menschen doch niemals produzieren. Ich habe in den Vereinigten Staaten und in Europa viele üppige Kaufhäuser gesehen, in denen alle erdenklichen Waren angeboten wurden, ich habe aber keines gesehen, wo es menschliche Güte zu kaufen gab. Der materielle Fortschritt hat den Menschen eine Art von Glück beschert, das nur von äußeren Bedingungen abhängt. Wahres Glück aber kommt aus dem Herzen des Menschen und ist nicht an irgendwelche Güter gebunden. Güte und Glück müssen im eigenen Herzen wachsen. Man kann heute zwar Herzen verpflanzen, aber ein liebevolles und gütiges Herz kann man durch keine Operation bekommen.

Wenn man bereit ist, ein bescheidenes Leben zu führen, dann ist man auch zufrieden. Für das Glücklichsein ist eine einfache Lebensweise von großer Bedeutung. Wenn man sich bescheidet mit dem, was man hat, und sich begnügt und nicht ständig etwas Neues will, wird man Zufriedenheit und Daseinsfreude erfahren. Man kann auch in schlichter Kleidung, ja in Lumpen, in einer anspruchslosen Wohnung glücklich sein. Und man kann von tiefer Freude erfüllt sein, wenn es gelingt, sich von falschen inneren Haltungen und Bindungen zu lösen.

Mitgefühl und Weisheit, 98

Genügsamkeit befreit

Ich glaube, daß es auch für Menschen, die nicht religiös sind, wichtig ist, sich von Habgier zu lösen und genügsam zu werden. Wer keine Genügsamkeit kennt, will immer noch mehr haben. Auch wenn er die ganze Welt besäße, wäre er doch nicht zufrieden. Außerdem sind Reiche oft sehr einsam. Sie können nie wissen, ob andere sie selbst lieben oder ihren Reichtum und ihren Einfluß. Meist verschwinden ja die vielen falschen Freunde wie der Schnee unter der Sonne, wenn der Reichtum verlorengeht. Aber gerade dann wäre man auf echte Freundschaft angewiesen. Im Westen war ich einmal bei einem sehr wohlhabenden Mann eingeladen. Er lebte in einem eleganten und schönen Haus. Doch im Badezimmer standen viele Fläschchen mit Beruhigungs- und Schlaftabletten. Für mich ist das zum Sinnbild geworden, daß, wenn jemand auch alles hat, er deswegen noch lange nicht glücklich zu sein braucht.

Aber nicht nur Buddhisten, auch christliche Mönche und Nonnen streben danach, in Genügsamkeit ein einfaches Leben zu führen. Auch sie wissen, daß Geld, Reichtum und Ruhm kein dauerhaftes Glück gewähren. Deshalb können diese Dinge für uns nie zum endgültigen Ziel werden.

Mitgefühl und Weisheit, 71

Über Zufriedenheit meditieren

Wenn wir den Begriff Meditation benutzen, dürfen wir dabei nicht vergessen, daß er viele verschiedene Bedeutungen haben kann. Es gibt konzentrative Meditation, kontemplative Meditation, Versenkung, analytische Meditation usw. Wenn man übt, Zufriedenheit zu fördern, so praktiziert man mehr die analytische Art der Meditation. Sie denken darüber nach, wie nachteilig sich ein mangelndes Zufriedenseinkönnen auswirkt und wie heilsam Zufriedenheit ist. Diese verschiedenen Für und Wider zu bedenken, kann Ihre Fähigkeit, zufrieden zu sein, steigern. Ich glaube nicht, daß es zur Entwicklung von Zufriedenheit genügt, Meditation nur als Versenkung, als einen Zustand geistiger Konzentration zu üben, ohne das analytische Denkvermögen anzuwenden. Die analytische Meditation kann deshalb zu Zufriedenheit führen, weil diese Art der Praxis während der Meditationssitzung einen direkten Einfluß auf unser alltägliches Leben, auf unser Verhalten, auf unsere zwischenmenschlichen Beziehungen usw. ausüben kann.

Mit dem Herzen denken, 145

Das Streben nach Glück ist ganz natürlich

Was ist nun, erstens, der Lebenszweck eines Menschen? Ich meine, daß Glück der Lebenszweck ist. Ob sich ein Zweck hinter der Existenz des Universums oder der Galaxien verbirgt, weiß ich nicht. Tatsache ist jedenfalls, daß wir zusammen mit anderen Menschen uns hier auf diesem Planeten befinden. Weil nun jeder Mensch nach Glück strebt und Leid vermeiden möchte, ist klar, daß dieser Wunsch nicht aus einer Schulung oder irgendeiner Ideologie stammt. Er ist etwas Natürliches. Deshalb glaube ich, daß die Erlangung von Glück, Frieden und Freude der Zweck des Lebens ist. Darum muß man unbedingt untersuchen, worin Glück und Befriedigung bestehen und was ihre Ursachen sind.

Ich glaube, daß es einen geistigen und einen körperlichen Faktor gibt. Beide sind wichtig. Wenn wir diese beiden Dinge miteinander vergleichen, ist der geistige Faktor wichtiger, höherrangig gegenüber dem körperlichen Faktor. Dies können wir in unserem täglichen Leben feststellen. Weil der geistige Faktor wichtiger ist, müssen wir ganz besonders auf die inneren Qualitäten achten.

Ich glaube nun, daß Mitgefühl und Liebe notwendig sind, damit wir Glück oder Gelassenheit erlangen. Diese geistigen Faktoren sind der Schlüssel. Ich glaube, daß sie die grundlegende Quelle sind. Was ist Mitgefühl oder Mitleiden? Aus buddhistischer Sicht gibt es verschiedene Arten von Mitleid. Die Grundbedeutung ist nicht einfach ein Gefühl der Verbundenheit oder einfach ein Gefühl des Bedauerns. Ich glaube vielmehr, daß wir bei echtem Mitleid nicht nur den Schmerz und das

Leid anderer fühlen, sondern auch die Entschlossenheit empfinden, dieses Leiden zu überwinden. Ein Aspekt des Mitleids ist eine gewisse Art von Entschlossenheit und Verantwortlichkeit. Das Mitgefühl bringt uns daher Gelassenheit wie auch innere Kraft. Innere Kraft ist die letzte Ursache des Erfolgs. – Wenn wir uns einem Problem gegenüber sehen, hängt sehr viel von der persönlichen Einstellung zu diesem Problem oder dieser Tragödie ab. Manchmal verliert man bei auftretenden Schwierigkeiten die Hoffnung, wird mutlos und schließlich deprimiert. Wenn man aber eine gewisse geistige Haltung hat, dann bringen Tragödie und Leid gerade mehr Energie, mehr Entschlossenheit.

Ich sage unserer Generation meist, daß wir in der dunkelsten Phase unserer langen Geschichte geboren wurden. Dies ist eine große Herausforderung. Wo aber eine Herausforderung ist, gibt es auch eine Gelegenheit, sich ihr zu stellen, eine Gelegenheit, unseren Willen und unsere Entschlossenheit zu erproben. Aus dieser Sicht meine ich daher, daß unsere Generation vom Glück begünstigt ist. Diese Dinge hängen von inneren Fähigkeiten, von innerer Stärke ab. Mitgefühl ist seiner Natur nach sehr sanft, sehr friedlich und geschmeidig, nicht schroff. Man kann es nicht leicht zerstören, weil es mächtig ist. Deshalb ist Mitgefühl sehr wichtig und nützlich.

Wenn wir nun wieder die menschliche Natur betrachten, sind Liebe und Mitgefühl die Grundlagen des menschlichen Daseins. Manche Wissenschaftler sagen, daß der Fötus im Mutterschoß schon Empfindungen hat und vom seelischen Zustand der Mutter beeinflußt wird. Die ersten Wochen nach der Geburt sind dann entscheidend für das Wachstum des kindlichen Gehirns. Während dieser Phase ist die körperliche Berührung der Mutter der wichtigste Faktor für die gesunde Entwicklung des Gehirns. Dies zeigt, daß das Physische für seine gedeihliche Entwicklung eine gewisse Zuwendung braucht.

Nach unserer Geburt trinken wir als erstes Milch an der Mutterbrust. Das Kind weiß wohl nichts von Mitleid und Liebe, doch hat es das natürliche Gefühl der innigen Verbundenheit mit dem Objekt, das ihm Milch spendet. Wenn die Mutter zornig oder mißgelaunt ist, kann es sein, daß die Milch nicht richtig fließt. Dies zeigt, daß vom ersten Tag unseres Menschendaseins an die Wirkung des Mitgefühls ganz entscheidend ist.

Wenn in unserem Alltagsleben unerfreuliche Dinge geschehen, richten wir sofort unsere Aufmerksamkeit auf sie, ohne auf andere, erfreuliche Dinge zu achten. Diese empfinden wir als normal oder selbstverständlich. Das zeigt, daß Mitgefühl und Zuwendung Teil der menschlichen Natur sind.

Mitgefühl oder Liebe haben verschiedene Ebenen: einige sind mehr, andere weniger mit Verlangen oder Verhaftetsein vermischt. So enthält zum Beispiel die Haltung von Eltern gegenüber ihren Kindern eine Mischung aus Verlangen und Verhaftetsein mit Mitgefühl. Liebe und Mitgefühl zwischen Mann und Frau liegen – insbesondere zu Beginn der Ehe, wenn sie die tiefere Natur des anderen noch nicht kennen – auf einer oberflächlichen Ebene. Sobald sich die Haltung eines Partners verändert, verkehrt sich die Haltung des anderen in ihr Gegenteil. Diese Art von Liebe und Mitgefühl hat eher mit Verhaftetsein zu tun. Verhaftetsein bezeichnet eine Art der Empfindung von Nähe, die man selbst projiziert. Die Gegenseite kann in Wirklichkeit sehr negativ sein, doch erscheint sie aufgrund der eigenen geistigen Verhaftung und Projektion als etwas Erfreuliches. Weiterhin führt Verhaftetsein dazu, daß man eine geringfügige gute Eigenschaft aufbläht und sie als zu einhundert Prozent schön oder einhundert Prozent positiv erscheinen läßt. Sobald sich die geistige Haltung ändert, ändert sich das ganze Bild. Deshalb ist diese Art von Liebe und Mitgefühl eher ein Verhaftetsein.

Eine andere Art von Liebe und Mitgefühl basiert nicht darauf, daß uns etwas als hübsch oder schön erscheint, sondern auf der Tatsache, daß der andere Mensch wie man selbst auch glücklich sein und Leid vermeiden möchte und in der Tat auch jegliches Recht hat, glücklich zu sein und das Leid zu überwinden. Auf dieser Grundlage empfinden wir eine Verantwortlichkeit, eine innige Verbundenheit mit diesem Menschen. Dies ist wahres Mitleid. Deshalb ist die Grundlage des Mitgefühls die Vernunft, nicht die Emotion. Daraus folgt, daß es nicht darauf ankommt, was des anderen Haltung ist, ob eine positive oder negative. Worauf es ankommt ist, daß er ein Mensch ist, ein fühlendes Wesen, das Schmerz und Freude empfinden kann. Es gibt keinen Grund, kein Mitleid zu empfinden, solange es sich um ein fühlendes Wesen handelt.

Die Arten von Mitleid auf der ersten Ebene sind vermischt, miteinander verbunden. Manche Menschen sind der Auffassung, daß bestimmte Leute eine sehr negative, grausame Haltung gegenüber anderen haben. Diese Leute scheinen kein Mitgefühl in ihrer Seele zu haben. Ich glaube aber, daß diese Menschen sehr wohl den Samen des Mitgefühls in sich tragen. Der Grund hierfür liegt darin, daß auch diese Menschen es sehr schätzen, wenn man ihnen Zuneigung entgegenbringt. Die Fähigkeit, die Zuneigung anderer Menschen zu schätzen, zeigt, daß in ihrer tiefsten Seele der Same des Mitgefühls vorhanden ist.

Mitgefühl und Liebe sind nicht vom Menschen geschaffen. Ideologie ist vom Menschen geschaffen; diese Dinge aber werden von der Natur hervorgebracht. Es ist wichtig, natürliche Eigenschaften zu erkennen, insbesondere, wenn wir vor einem Problem stehen und keine Lösung finden. So meine ich zum Beispiel, daß die chinesischen Führer vor einem Problem stehen, das zum Teil in ihrer eigenen Ideologie, in ihrem eigenen System begründet ist. Wenn sie aber nun versuchen, dieses Problem mittels ihrer eigenen Idee zu lösen, kommen sie mit diesem Problem nicht zurecht. Wir schaffen im religiösen Bereich, manchmal sogar durch die Religion, ein Problem. Wenn wir nun versuchen, dieses Problem mit religiösen Mitteln zu lösen, ist es ziemlich sicher, daß wir scheitern werden. Ich meine also, daß es bei Problemen dieser Art wichtig ist, uns auf unser grundlegendes Menschsein zu besinnen. Ich glaube, daß sich dann leichter Lösungen finden. Deshalb sage ich oft, daß man menschliche Probleme am besten mit menschlichem Verständnis löst.

Eine Politik der Güte, 119–123

Das Leben mit Sinn erfüllen

Für den Menschen ist es lebenswichtig, enge Freunde zu haben. Leute, die sich wirklich um einen kümmern und einem ihre Anteilnahme zeigen. Unsere Fähigkeit zu lächeln ist ein einzigartiges, spezifisch menschliches Merkmal. Wenn wir lächeln, macht das andere froh, und ebenso macht es uns froh, wenn andere uns anlächeln. Niemand hingegen mag ein finsteres Gesicht. Das liegt in der menschlichen Natur. Selbstverständlich können manchmal Falschheit und Lügen hinter einem Grinsen verborgen werden. Aber wenn man unverstellt lächelt, wird sich jeder darüber freuen. Darin zeigt sich unser angeborenes Wohlgefallen an Freundschaft. In Freundschaft und Harmonie zu leben, entspricht der menschlichen Natur. Beherzigen wir dies, dann wird unser Leben bedeutungsvoll und glücklich sein.

Wenn wir mißtrauisch bleiben und feindselige Gefühle gegeneinander hegen – wie sollen wir dann glücklich werden? Um eine freundschaftliche, harmonische Atmosphäre zu schaffen, müssen wir erst von innen heraus eine altruistische Einstellung entwickeln. Wenn wir die haben, werden sich zwangsläufig Freunde um uns scharen. Wir werden ganz natürlich Menschen finden, auf die wir uns verlassen können. Es ist ein Fehler, Groll, Eifersucht, Konkurrenzdenken und Stolz im Herzen zu tragen, dabei wie eine Giftschlange auf der Lauer zu liegen und sich nicht im mindesten zu bemühen, die eigene Einstellung zu verbessern. Wenn wir erwarten, eine Veränderung werde nur von außen her eintreten, ohne daß wir innerlich irgendeine geistige Umwandlung hervorrufen, werden wir enttäuscht werden. Wie soll es ohne Ursache zu einem Ereignis kommen?

Eine liebe, warmherzige Person zu sein ist daher sowohl aus kurzfristiger als auch aus langfristiger Perspektive zweifellos die Wurzel von innerem Frieden, Glück und allem Guten. Wir brauchen keine Belegstellen aus den Schriften zu zitieren, um das zu beweisen. Das wissen wir aus unserer gelebten Erfahrung. Blicken wir auf unser Leben zurück, dann wird uns klar: von all unseren Aktivitäten waren einzig und allein jene bedeutungsvoll, die anderen zugute kommen sollten. Selbst im Hinblick auf unsere Unternehmungen, die eigenen Interessen zu verwirklichen, läßt sich schwer einschätzen, wieviel Nutzen wir erzielt haben. Jedenfalls sind die so erzielten Gewinne jetzt wie Träume der vergangenen Nacht, weniges von brauchbarem Wert bleibt davon übrig. Was wir noch immer auf unserem Rücken tragen, ist die schwere Last aus verwerflichen Taten, Unredlichkeit und Irreführung. Hat man irgendeinen Nutzen erwirkt und irgend etwas Gutes getan, dann ist das ein Anlaß zu aufrichtiger Freude. Zurückblickend werden wir erkennen, daß sich unser Leben nur insoweit mit Sinn erfüllte, als wir etwas getan haben, das für andere direkt oder indirekt nützlich war. Was sonst in den vielen verstrichenen Jahren brachte uns je auf den Gedanken, daß wir ein mit Sinn erfülltes Leben führen?

Den Geist erwecken …, 209–211

KAPITEL 2

VOM UMGANG MIT EIGENEN GRENZEN

Die Innenwelt des Geistes erforschen

Zwei unserer besten Freunde sind Wut und Haß. Ich selbst hatte in meiner Jugend eine enge Beziehung zum Jähzorn. Später fand ich dann eine Menge an ihm auszusetzen und heute, mit Hilfe von gesundem Menschenverstand, Mitgefühl und Weisheit habe ich ein schlagkräftigeres Argument, ihn zu bezwingen.

Wie meine eigene Erfahrung beweist, kann sich jeder Mensch mit einigem Bemühen ändern. Diese Änderung geht natürlich nicht sofort vor sich, sondern braucht im Gegenteil sehr viel Zeit. Um sie herbeizuführen und mit den Emotionen umgehen zu können, ist es wichtig, herauszufinden, welche Gedanken hilfreich, konstruktiv und nützlich für uns sind. Ich meine damit hauptsächlich Gedanken, die uns ruhiger, entspannter machen und uns inneren Frieden geben, im Gegensatz zu solchen, die Unbehagen, Angst und Frustration hervorrufen.

Unser Körper besteht aus Milliarden verschiedener Partikel und unser Geist aus vielen verschiedenen Gedanken und Stimmungen, weshalb es eine grobe Verallgemeinerung ist, von „dem Körper", „dem Geist" zu sprechen. Wir müssen unsere Innenwelt mit großer Klugheit erforschen und analysieren. Ähnlich wie wir in bezug auf die Welt der Pflanzen vorgehen, wo wir feststellen, daß einige von ihnen wie Gemüse, Früchte und Blumen, gut für uns sind, und sie dann anpflanzen und nutzen. Andere, die unbekömmlich oder giftig für uns sind, lernen wir zu unterscheiden, und manchmal rotten wir sie sogar aus. Genauso sollten wir in der Innenwelt unseres Geiste verfahren und den Unterschied zwischen schädlichen und positiven Gedanken und Zuständen erkennen lernen. Haben wir den Wert der positiven geistigen Zustände einmal erkannt, können wir sie pflegen und fördern.

Mit dem Herzen denken, 45–46

Untersuchen wir nun, auf welche Weise Wut und Haß bezwungen werden können. Dazu ist an erster Stelle nötig, die Schädlichkeit der negativen Emotionen – ganz besonders von Haß – einzusehen. Haß ist unser ärgster Feind, wobei ich eine Person oder einen Faktor als Feind bezeichne, wenn er direkt oder indirekt unseren Interessen schadet. (Unsere Interessen sind das, was letzten Endes zu Glück und Wohlergehen führt.)

Man kann aber auch von äußeren Feinden sprechen. Nehmen wir meinen eigenen Fall als Beispiel. Dadurch, daß unsere chinesischen Brüder und Schwestern die Rechte der Tibeter mit Füßen treten, erfahre ich Kummer und Leiden. Doch so überwältigend dies auch ist, es kann meine innere Ruhe als die letztendliche Quelle meines Glücks nicht zerstören. Sie ist etwas, das ein äußerer Feind nicht vernichten kann. Unser Land kann überfallen, unser Hab und Gut zerstreut, unsere Freunde können getötet werden – mein innerer Friede jedoch, die eigentliche Quelle meines Glücks, kann von niemandem außer von meinem eigenen Haß vernichtet werden!

Vor einem äußeren Feind kann man flüchten oder ihm manchmal sogar ein Schnippchen schlagen. Wenn da jemand ist, der meinen inneren Frieden stört, kann ich die Tür hinter mir verschließen und friedlich in meinem Zimmer sitzen. Mit dem Haß geht das nicht! Wo immer ich bin, da ist er auch. Es hilft nichts, die Tür von innen zu verriegeln, der Haß ist drinnen. Es gibt keine Möglichkeit, ihm zu entkommen, es sei denn, man wendet die geeignete Methode an. Haß und Wut –

und hier meine ich die negative Wut – sind also die wahren Zerstörer meines inneren Friedens und deshalb meine eigentlichen Feinde.

Manche vertreten die Meinung, daß es besser sei, Emotionen auszuleben, als sie zu unterdrücken. Hier muß man meines Erachtens einen Unterschied zwischen den verschiedenen negativen Emotionen machen. Nehmen wir beispielsweise eine bestimmte Art von Frustration, dic sich als Ergebnis von Ereignissen in der Vergangenheit einstellt. Manchmal entstehen durch das Verdrängen dieser negativen Ereignisse, einer Vergewaltigung zum Beispiel, bewußte oder unbewußte Probleme. In diesem Fall ist es besser, die Frustration herauszulassen und ihr Ausdruck zu verleihen. Wenn wir aber nicht versuchen, unseren Haß einzudämmen, konservieren wir ihn und lassen ihn anwachsen. Schon kleinste Vorkommnisse werden uns dann in Wut versetzen. Bemüht man sich hingegen, seinen Haß zu kontrollieren und zu bezähmen, wird er schließlich auch durch gewichtige Anlässe nicht mehr provoziert.

Durch Übung und Disziplin können wir eine Veränderung bewirken.

Mit dem Herzen denken, 56–58

Den „Feind" zum Lehrer machen

Ein geeignetes Mittel, unseren inneren Frieden zu bewahren, besteht darin, niemals unzufrieden und ungeduldig zu werden, weil Ungeduld und Unzufriedenheit zur Ursache von Haß und Wut werden. Ursache und Wirkung sind auf natürliche Weise miteinander verknüpft. Wenn bestimmte Ursachen und Bedingungen einmal zusammengetroffen sind, ist es kaum möglich zu verhindern, daß dieser kausale Ablauf zu einem Ergebnis führt. Er muß deshalb in seinen Anfängen unterbrochen werden, und dazu muß man die jeweilige Situation genau prüfen. Der große indische Gelehrte Shantideva sagt in seinem *Führer auf dem Bodhisattva-Weg*, daß man sehr aufpassen muß, nicht in eine Situation zu geraten, die in Unzufriedenheit mündet, denn auf ihrem Boden keimt der Haß. Wir müssen eine ganz bestimmte Einstellung zu unserem Besitz, unseren Freunden und Gefährten und verschiedenen Situationen haben. Gefühle des Unbefriedigtseins, der Hoffnungslosigkeit, des Unglücklichseins können sich auf alles und jedes beziehen. Wenn wir nicht die richtige Einstellung haben, kann alles zu einem Quell der Frustration werden. Für einige Leute mag selbst das Nennen des Wortes „Buddha" ein Ärgernis sein, obwohl dies sicherlich nicht der Fall wäre, wenn sie eine persönliche Begegnung mit einem Buddha haben würden. Es steckt also in allen Phänomenen die Möglichkeit, in uns Haß, Ärger und Frustration zu wecken. Da die Welt der Phänomene den Gesetzen des Daseins unterworfen ist, bleibt nur die Möglichkeit, unsere eigene Einstellung zu ändern. Wenn uns dies gelingt, wenn unsere

Sicht der Dinge und Ereignisse sich ändert, können alle Phänomene statt Feinde und Quellen der Frustration zu Freunden und Quellen des Glücks werden.

Ein Feind ist etwas ganz Besonderes. Natürlich ist es in gewisser Weise nicht gut, einen Gegner zu haben, weil er unter anderem unseren inneren Frieden stört. Doch von einem anderen Blickwinkel aus betrachtet, müssen wir zugeben, daß uns nur jemand, der uns feindlich gesinnt ist, die Chance bietet, Geduld zu üben. Ich, als Buddhist, denke beispielsweise, daß Buddha uns keinerlei Möglichkeit gibt, ihm gegenüber Geduld und Toleranz zu praktizieren. Möglicherweise eignen sich einige Mitglieder des Sangha dazu, aber im Prinzip hat man diese Gelegenheit nicht oft. Da wir die Mehrheit der fünf Milliarden Bewohner dieser Erde nicht kennen, geben uns diese auch keine Gelegenheit, unsere Toleranz und Geduld zu zeigen. Nur die Menschen, die wir kennen und die uns Schwierigkeiten machen, können uns dazu verhelfen, Toleranz und Geduld zu praktizieren.

Von daher gesehen ist ein Widersacher unser bester Lehrer. Shantideva macht uns in bestechender Weise klar, daß Feinde oder alle, die uns Schaden zufügen, in Wirklichkeit der Verehrung würdig und wert sind, als unsere erhabenen Lehrer betrachtet zu werden. Man könnte einwenden, daß unsere Feinde ja keinesfalls die Absicht haben, uns zu helfen und es deshalb absurd ist, sie für verehrungswürdig zu halten. Hierauf antwortet Shantideva, daß wir ja auch als praktizierende Buddhisten den Zustand der Beendigung als der Zufluchtnahme wert betrachten, obwohl Beendigung doch ein rein geistiger Zustand ist und von sich aus keinerlei Absicht haben kann, uns zu helfen. Dagegen könnte man einwenden, daß dies für die Beendigung wohl richtig sein mag, da hier keine Absicht vorliegt, uns zu verletzen, während unser Feind gerade dies im Sinn hat, weshalb er unmöglich Gegenstand unserer Verehrung sein kann. Doch gerade diese Absicht, uns zu schaden, macht – wie Shantideva sagt – den Feind zu etwas Besonderem. Hätte er diese nicht, würden wir keinen Feind in ihm sehen und eine ganz andere Einstellung zu ihm haben.

Die Absicht zu verletzen, uns zu schaden, macht also den Feind aus; und weil das so ist, gibt ein Feind uns die Chance, Toleranz und Geduld zu üben, was ihn für uns tatsächlich zu einem großen Lehrer macht. Wenn Sie diesen Gedankengang nachvollziehen, werden sich allmählich Ihre negativen Emotionen – insbesondere der Haß – vermindern.

Manchmal wird gesagt, Ärger sei nützlich, weil er uns Energie und Durchschlagkraft gibt. Das stimmt nicht. Seine Energie ist im wesentlichen eine blindwütige, und nichts garantiert uns, daß sie nicht am Ende unseren eigenen Interessen schadet.

Eine andere Frage ist, wie wir reagieren sollen, wenn andere uns ausnutzen, weil wir uns bescheiden und unauffällig verhalten. Die Antwort ist einfach: Man sollte mit Weisheit und gesundem Menschenverstand reagieren, ohne Haß und Ärger. Wenn die Lage ein Handeln unsererseits erfordert, dürfen wir uns wehren, ohne dabei in Haß zu verfallen. Ein von Weisheit anstelle von Ärger inspiriertes Handeln ist viel effektiver, als aus Ärger ergriffene Gegenmaßnahmen, die oft schiefgehen. In einer Gesellschaft, die unter dem Zeichen des Wettbewerbs steht, ist es nötig, sich zu wehren. Nehmen wir die Lage Tibets als Vergleich. Wir folgen einem Weg der Gewaltlosigkeit und des Mitgefühls, was keineswegs heißt, daß wir uns den Aggressoren beugen und nachgeben. Doch frei von Haß und Wut setzen wir uns besser durch.

Es gibt noch eine andere Möglichkeit, Toleranz und Geduld zu üben, die darin besteht, ganz bewußt die Leiden der anderen auf sich zu nehmen. Ich denke an Situationen, in denen uns klar ist, welche augenblicklichen Schwierigkeiten und Mühen wir auf uns nehmen, dadurch daß wir uns engagieren. Gleichzeitig sind wir aber davon überzeugt, daß dies auf lange Sicht gesehen sehr positive Auswirkungen hat. Diese Einstellung und der Wille, auf lange Sicht Gutes zu bewirken, veranlassen uns manchmal, die Last, die mit dem gegenwärtigen Augenblick verbunden ist, auf uns zu nehmen.

Ein wirksames Mittel in der Auseinandersetzung mit negativen Emotionen wie Haß und Ärger ist das Entwickeln und Fördern ihrer Gegenkräfte, das heißt der positiven Eigenschaften unseres Geistes wie Liebe und Mitgefühl.

Mit dem Herzen denken, 58–63

Das verschlossene Herz öffnen

Im Umgang mit Menschen ist die Möglichkeit von Angst und Unsicherheit um so mehr gegeben, je verschlossener unser Geist ist. Meiner persönlichen Erfahrung nach fühlen wir uns mit einem offenen Geist weniger unsicher. Ob ich einem bedeutenden Menschen begegne, einem Bettler oder einem ganz gewöhnlichen Zeitgenossen, macht keinen Unterschied für mich. Das Wichtigste ist, ein aufrichtiges Lächeln für alle zu haben. Religiöse oder kulturelle Unterschiede, eine andere Sprache, eine andere Rasse, gebildet oder ungebildet, reich oder arm – all dies spielt keine Rolle. Wenn ich mein Herz und meinen Geist öffne, sind mir die Menschen einfach wie alte Freunde. Das ist sehr hilfreich. Wenn ich diese Einstellung als Ausgangsbasis nehme, habe ich die Freiheit, mich so zu verhalten, wie die jeweiligen Umstände es erfordern. Diese Ausgangsbasis muß ich zuerst schaffen. Da dies im Umgang mit anderen Menschen meist ein positives Echo findet, meine ich, daß Angst etwas ist, das man loswerden kann.

Was nun die Verzweiflung betrifft: Wir haben viele Hoffnungen und Erwartungen. Wenn sich eine von ihnen nicht erfüllt, heißt das nicht, daß alle anderen ebenfalls fehlschlagen. Ich habe Menschen getroffen, die völlig verzweifelt sind, wenn eine einzige ihrer Erwartungen sich nicht realisiert. Der menschliche Geist ist derart komplex, voll der unterschiedlichsten Hoffnungen und Ängste. Alles auf die Erfüllung einer bestimmten Hoffnung zu setzen kann gefährlich werden, weil uns dann ein Fehlschlag vernichtet. Das ist ein bißchen zu gefährlich!

Mit dem Herzen denken, 134–135

Die Angst durchschauen

Oft werden wir von einem plötzlichen Gedanken oder Gefühl überfallen, das sich – wenn wir es nicht beachten und ihm einfach nachgeben – verselbständigt und dann anfängt, uns zu beunruhigen. Wenn so etwas geschieht, muß man seine Fähigkeit zu vernünftigem Nachdenken einsetzen, um nicht unter die Herrschaft dieser Gedanken und Gefühle zu geraten. Wenn die Angst gute Gründe hat, ist sie natürlich in Ordnung. Sie veranlaßt uns, vorsorgliche Maßnahmen zu treffen, das ist gut so! Wenn die Angst grundlos ist, sollten Sie analysierend über sie meditieren, dadurch wird sie sich verringern.

Mit dem Herzen denken, 137–138

Den Zorn überwinden

Zorn kann nicht durch Zorn überwunden werden. Wenn Ihnen ein Mensch mit Zorn gegenübertritt und Sie mit Zorn reagieren, sind die Folgen verheerend. Wenn Sie aber Ihren Zorn beherrschen und eine gegenteilige Haltung einnehmen – Mitleiden, Toleranz und Geduld –, dann erhalten Sie sich nicht nur den eigenen Frieden, sondern wird auch der Zorn des anderen allmählich abnehmen.

Auch die Weltprobleme kann man nicht mit Zorn oder Haß angehen. Man muß ihnen mit Mitgefühl, Liebe und wahrer Güte gegenübertreten. Sehen Sie sich all die schrecklichen Waffen an, die es gibt. Und doch können die Waffen selbst keinen Krieg anzetteln. Der Knopf, der ihn auslöst, liegt unter einem menschlichen Finger, der durch Gedanken, nicht durch seine eigene Kraft bewegt wird. Die Verantwortung liegt in unserem eigenen Denken.

Wenn man solchen Dingen auf den Grund geht, findet man das Handlungsmotiv im Inneren, im Geist. Deshalb ist es sehr wichtig, zunächst den Geist zu kontrollieren. Ich meine hier nicht die Kontrolle des Geistes im Sinne tiefer Meditation, sondern einfach die Zurückdrängung des Zorns, eine größere Hochachtung vor den Rechten anderer, mehr Verständnis für andere Menschen, eine größere Bewußtheit für die Gleichheit aller Menschen!

...

Schließlich möchten wir alle glücklich sein, und niemand wird bestreiten, daß Zorn Frieden unmöglich macht. Mit Güte und Liebe können wir die Ruhe des

Geistes erlangen. Niemand möchte Zorn, niemand möchte geistige Unruhe, und doch tritt beides durch Unkenntnis auf. Schlechte Haltungen wie zum Beispiel Niedergeschlagenheit entstehen durch die Macht der Unkenntnis, nicht aus sich selbst.

Durch Zorn verlieren wir eine der besten menschlichen Fähigkeiten – die Urteilskraft. Wir haben ein gutes Gehirn, das anderen Säugetieren fehlt und das uns ein Urteil darüber erlaubt, was Recht und Unrecht ist, und zwar nicht nur aus heutiger Sicht, sondern auch unter Berücksichtigung der nächsten zehn, zwanzig oder auch hundert Jahre. Ohne Hellsichtigkeit können wir mit unserem normalen Menschenverstand beurteilen, ob eine Methode richtig oder falsch ist; wir können beurteilen, ob dieses oder jenes Handeln zu diesem oder jenem Ergebnis führen wird. Wenn aber unser Geist von Zorn ergriffen ist, verlieren wir unsere Urteilskraft, und wenn sie verloren ist, ist dies sehr traurig. Körperlich ist man ein Mensch, aber geistig ist man unvollständig.

Da wir nun einmal diese physische Menschengestalt haben, müssen wir unsere geistige Fähigkeit des Urteilens wahren. Hierüber können wir keine Versicherung abschließen, die Versicherungsgesellschaft ist im Inneren: Selbstzucht, Selbstbewußtsein und eine klare Erkenntnis der negativen Folgen des Zorns und der positiven Wirkungen der Güte. Wenn wir uns dies immer wieder klar machen, wird es uns schließlich einleuchten, und dann können wir mit Hilfe der Selbsterkenntnis den Geist kontrollieren.

Man kann zum Beispiel gegenwärtig ein Mensch sein, der sich schnell und leicht über Kleinigkeiten aufregt. Mit klarem Verstand und klarer Bewußtheit kann man dies unter Kontrolle bringen. Wenn Sie zum Beispiel normalerweise zehn Minuten lang wütend sind, versuchen Sie, dies auf acht Minuten zu verringern. Reduzieren sie es nächste Woche auf fünf Minuten, im nächsten Monat auf zwei. Dann verkürzen sie es auf null Minuten. So schult und entwickelt man seinen Geist.

So empfinde ich es, und so übe ich auch selbst. Es ist klar, daß jeder den Frieden des Geistes braucht. Die Frage ist nur, wie man ihn erlangt. Durch Zorn ist dies nicht möglich; durch Güte, durch Liebe, durch Mitgefühl können wir aber unseren individuellen Geistesfrieden erlangen. Das Ergebnis wird eine friedliche Familie sein – Glück zwischen Eltern und Kindern, weniger Streit zwischen Mann und Frau; keine Rede mehr von Scheidung. Auf die nationale Ebene erweitert, kann diese Haltung Einheit, Harmonie und Zusammenarbeit aus echter Motivation hervorbringen. Auf der internationalen Ebene brauchen wir gegenseitiges Vertrauen, gegenseitige Hochachtung, offene und freundschaftliche Diskussion aus aufrechter Motivation und gemeinsame Anstrengungen, weltweite Probleme zu lösen. All dies ist möglich.

Eine Politik der Güte, 54–57

Tiefen Ängsten ihren Schrecken nehmen

Wenn etwas Schlimmes geschieht, sagen wir meist „so ein Pech", und wenn etwas Gutes geschieht, sagen wir „welch ein Glück". In Wirklichkeit reichen aber diese beiden Worte Glück und Pech nicht aus. Es muß einen Grund geben. Es hat einen Grund, daß eine bestimmte Zeit glücklich oder unglücklich war, auch wenn wir meist nicht über „Glück" oder „Pech" hinausdenken. Dieser Grund ist nach der buddhistischen Deutung unser Karma, unsere früheren Handlungen.

Eine Art, mit tiefen Ängsten umzugehen, ist der Gedanke, daß die Angst das Ergebnis unserer eigenen Handlungen in der Vergangenheit ist. Wenn man Angst vor einem bestimmten Schmerz oder Leid hat, sollte man prüfen, ob man irgendetwas unternehmen kann. Wenn es möglich ist, ist es unnötig, sich Sorgen zu machen; wenn es nicht möglich ist, ist es auch unnötig, sich Sorgen zu machen.

Eine andere Technik besteht darin, zu prüfen, wer ängstlich ist. Untersuchen Sie die Natur Ihres Selbst. Wo ist dieses Ich? Wer ist Ich? Was ist die Natur des Ichs? Gibt es ein Ich in meinem physischen Körper und meinem Bewußtsein? Dies kann auch helfen.

Wer die Bodhisattva-Übungen praktiziert, versucht, das Leid anderer auf sich zu nehmen. Wenn man Ängste hat, kann man denken: „Andere haben ganz ähnliche Ängste, dürfte ich doch alle ihre Ängste auf mich nehmen!" Obwohl man sich dabei für größeres Leid öffnet, nimmt die Angst ab.

Wiederum ein anderes Verfahren besteht darin, den Geist nicht beim Gedanken der Angst verweilen zu lassen, sondern ihn auf etwas anderes zu richten und die Angst einfach untergehen zu lassen. Dies ist nur ein vorübergehendes Verfahren. Wenn man Ängste aufgrund von Unsicherheit hat, kann man sich zum Beispiel vorstellen, daß der Kopf, wenn man sich niederlegt, in Buddhas Schoß ruht. Dies kann manchmal psychologisch helfen. Ein anderes Verfahren besteht darin, Mantras zu rezitieren.

Eine Politik der Güte, 109–110

Sich Selbstachtung schenken

Wir sollten unter allen Umständen bescheiden bleiben. Es heißt, Bescheidenheit sei das Fundament für höhere Qualitäten. Sie ist der Ausgangspunkt für wirkliches Glück. Es hilft niemandem, wenn wir stolz sind und uns für bedeutende Personen halten. Aber wir sollten sehr wohl differenzieren zwischen einer geringen Selbstachtung, die sich darin zeigt, daß man sich für wertlos oder unfähig hält, und der Bescheidenheit, die sich darin äußert, daß man innerlich anspruchslos und von Stolz frei ist.

Eine geringe Selbstachtung, die uns glauben läßt, daß wir rein gar nichts zustande bringen können, sollten wir nämlich bei der Religionsausübung ebenso vermeiden wie bei unseren weltlichen Aktivitäten. Ein Bodhisattva erliegt niemals einer geringen Selbstachtung, sondern übernimmt mit ungeheurem Mut die Verantwortung dafür, das Wohl aller empfindenden Wesen zu verwirklichen. Ein Bodhisattva hat ein gesundes Selbstvertrauen, aber keine Spur von Stolz. Genau das brauchen wir.

Den Geist erwecken ..., 202–203

Auf die Sichtweise kommt es an

Vom Standpunkt eines einfachen menschlichen Wesens, nicht als Buddhist, nicht als Gläubiger einer Religion, sage ich den Menschen immer wieder: Ich bin überzeugt, daß die menschliche Natur an sich positiv ist, daß sie grundlegend etwas Reines ist. Schon von Geburt an besitzen wir das Potential für alle guten Eigenschaften. Dieses Potential zu erkennen, ist die Grundlage für Selbstvertrauen. Menschen, die sich in einer schwierigen psychischen Lage befinden, neigen gewöhnlich dazu, nur die negative Seite der Situation zu sehen. Zudem betrachten sie ihre Situation nicht aus einer größeren Perspektive. Hier gilt es, zwei Dinge zu bedenken: Ein Ereignis mag noch so tragisch sein, es gibt immer auch einige positive Aspekte. Die Dinge sind relativ. Deshalb sollte man versuchen, die Situation auch aus einem anderen Blickwinkel zu betrachten. Eine andere Möglichkeit, den Blick auf die Situation zu erweitern, entsteht aus dem Verständnis, daß sich nicht nur dieser eine Mensch Problemen gegenübersieht, sondern weitaus mehr Menschen das gleiche oder noch schwierigere Probleme erleben. Der persönliche Fall ist nicht einzigartig. Ich glaube, depressive Menschen haben das Gefühl, als seien sie die einzigen unglücklichen Menschen auf der Welt und als sei ihr Fall im Vergleich zur Situation der anderen hoffnungslos. Doch tatsächlich gibt es viele andere Menschen, die mit noch mehr Schwierigkeiten, Problemen und Leiden konfrontiert sind. Diese Überlegungen tragen dazu bei, den depressiven Zustand zu lindern.

Brücken von Herz zu Herz, 93

Zwei Arten von Ego

Wenn wir nach innen, in unseren Geist schauen, entdecken wir vieles, was sowohl gute wie schlechte Seiten haben kann. Beispielsweise ähneln sich Selbstvertrauen und Hochmut oder Arroganz, und zwar in dem Sinn, daß es sich um geistige Zustände handelt, die uns Auftrieb und einen gewissen Grad von Zuversicht und Schwung verleihen. Während Hochmut jedoch zu negativen Folgen führt, hat Selbstvertrauen eher positive Konsequenzen. Ich pflege gewöhnlich zwei Arten von Ego zu unterscheiden. Eines ist nur an sich selbst interessiert, ohne an die Rechte anderer Wesen zu denken, es benutzt sie im Gegenteil für seine eigenen Bedürfnisse. Dies ist das negative Ego.

Das andere sagt sich: „Ich möchte ein guter Mensch sein. Ich muß dienen und helfen. Ich muß volle Verantwortung übernehmen." Dieses kraftvolle Ich-Gefühl widersteht manchen unserer negativen Emotionen. Solange man kein starkes Gefühl von Selbstvertrauen hat, das auf einem starken Selbst basiert, ist es sehr schwierig, die negativen Emotionen zu bekämpfen. Es gibt also zweierlei Typen von Ego; Weisheit oder Intelligenz können sie unterscheiden. In gleicher Weise müssen wir echte Bescheidenheit und mangelndes Selbstvertrauen auseinanderhalten. Sie sind leicht zu verwechseln, weil beide eher dämpfende geistige Zustände sind. Der eine ist positiv zu bewerten, der andere hingegen negativ.

Liebende Herzensgüte und Mitgefühl auf der einen und starkes Verhaftetsein auf der anderen Seite sind ein weiteres Beispiel. Beides hat mit einem Objekt der

Zuneigung zu tun, doch starkes Verhaftetsein hat negative Folgen, während sich Liebe und Mitgefühl positiv auswirken. Zwei ähnliche geistige Zustände können also zu ganz verschiedenen Ergebnissen führen.

Mit dem Verlangen ist es das gleiche. Es gibt ein Verlangen, das positiv, und ein anderes, das negativ ist. Mit den rechten Beweggründen halte ich es für positiv, ohne dies ist es negativ und kann zu Problemen führen. Verlangen ist der Hauptantrieb zur Erlangung momentanen und zukünftigen Glücks. Befreiung oder Erleuchtung läßt sich im Buddhismus nur mit Hilfe einer gewissen Art von Verlangen erreichen. Der Mahayana-Buddhismus nennt zweierlei Verlangen oder Begehren. Das erste ist der Wunsch, allen Lebewesen nützlich zu sein, und das zweite besteht darin, zu diesem Zweck den Zustand der Erleuchtung ganz und gar verwirklichen zu wollen. Ohne diese zwei Bestrebungen ist Buddhaschaft nicht möglich. Doch aus Verlangen kann auch Negatives erwachsen. Das Gegenmittel für dieses schädliche Verlangen ist Zufriedenheit. Zwischen zwei Extremen ist der Mittelweg immer der richtige; wenn Ihr Verlangen Sie also zu einem Extrem treibt, liegt es an Ihrer Intelligenz, aufzupassen und Sie wieder zurück zur Mitte zu führen.

Mit dem Herzen denken, 16–18

Unterscheiden lernen

Die negativen Emotionen wie Haß, Zorn und Begierde sind unsere wahren Feinde, die unser geistiges Glück stören und zerstören und in der Gesellschaft Unruhe schaffen. Deshalb müssen sie völlig beseitigt werden; sie haben nicht das geringste Potential, Glück zu erzeugen.

Wenn uns etwas gut erscheint, dann erscheint es uns oft zu einhundert Prozent gut, und wenn uns etwas als nicht wünschenswert erscheint, erscheint es uns, als ob es an sich nicht im geringsten wünschenswert wäre. Aufgrund einer solchen Auffassung schätzen wir den Gegenstand falsch ein, und auf dieser Grundlage bekommen wir eine falsche Vorstellung von seiner Eigenart. In dem Augenblick, in dem wir einem Objekt gegenüber sehr starken Zorn empfinden, erfahren wir die Person, gegen die sich unser heftiger Zorn richtet, als durch und durch negativ – vom Scheitel bis zur Sohle. Wenn die Gewalt des Zorns abnimmt, dann erscheint uns der Betreffende in etwas besserem Licht. Eine ähnliche Sequenz von Erfahrungen tritt im Falle von Begierde ein. Wenn man unter einem starken Einfluß negativer Gefühle steht, ist man fast am Rande des Wahnsinns. Wenn wir unser geistiges Gleichgewicht verlieren, können wir nicht mehr zu unserem eigenen Wohle wirken, geschweige denn zu demjenigen anderer.

Eine Politik der Güte, 106–107

Veränderung ist möglich

Immer wenn ich über die Bedeutung des Mitgefühls und der Liebe spreche, fragen mich die Leute, mit welcher Methode man beides entwickeln kann. Die Antwort darauf ist nicht leicht. Ich glaube nicht, daß es irgendein Programm oder eine Methode gibt, die es einem ermöglichen, diese Eigenschaften schlagartig zu entfalten. Man kann sie nicht durch Knopfdruck herbeizaubern. Ich weiß, daß viele Menschen so etwas von einem Dalai Lama erwarten, aber alles, was ich anzubieten habe, ist meine eigene Erfahrung. Wenn Sie daran etwas Nützliches finden, dann hoffe ich, daß Sie davon Gebrauch machen. Wenn Sie dem aber nichts Interessantes abgewinnen können, dann ist es mir durchaus recht, wenn Sie sich nicht weiter damit befassen.

Ich bin der Ansicht, daß wir damit beginnen müssen, unsere eigene alltägliche Erfahrung zu untersuchen und etwas über die Erlebnisse unserer Nachbarn zu lesen, damit wir die Auswirkungen von Wut einerseits und von Liebe und Mitgefühl andererseits erkennen können. Wenn wir diese beiden Haltungen vergleichend untersuchen, dann werden wir ein tieferes Verständnis für die negativen Folgen der Wut und für die positiven Auswirkungen des Mitgefühls entwickeln.

Wenn wir erst einmal von den positiven Auswirkungen des Mitgefühls und den negativen Folgen des Hasses und der Wut überzeugt sind – daß sie uns stets unglücklich machen –, dann werden wir uns stärker darum bemühen, weniger Wut zu empfinden. Wir werden etwas behutsamer an die Dinge herangehen. Meist denken wir, die Wut schütze uns vor etwas, aber das ist eine Täuschung. Darum muß man sich vor allem der negativen Konsequenzen von Haß und Wut bewußt werden. Ich habe erfahren, daß negative Gefühle in keiner Weise helfen.

Manchmal glauben die Menschen, daß man angesichts einer Naturkatastrophe oder einer von anderen verursachten Tragödie mit mehr Kraft und Mut reagieren kann, wenn man wütend ist. Aber ich habe die Erfahrung gemacht, daß uns Wut zwar die Energie verleiht, etwas zu tun oder zu sagen; aber dabei handelt es sich um blinde Energie, die sich nur schwer kontrollieren läßt. In jenem Augenblick mag uns das vielleicht gleichgültig sein, aber schon kurz darauf tut es uns leid. Im Zorn benutzen wir grobe oder verletzende Worte, die wir, wenn sie erst einmal ausgesprochen wurden, nicht mehr zurücknehmen können. Wenn die Wut dann später verflogen ist und wir derselben Person wieder begegnen, fühlen wir uns entsetzlich. Wir haben in jenem Augenblick unser Urteilsvermögen verloren und waren halb verrückt.

Es gibt viele verschiedene Ebenen und Intensitäten der Wut. Wenn ein kleiner Anflug von Wut in uns aufsteigt, läßt sie sich leicht unter Kontrolle bringen. Aber wenn eine stärkere, intensivere Wut in uns aufstiegt, müssen wir auf verschiedene Methoden zurückgreifen, um sie in den Griff zu bekommen. Wenn wir negative Geisteshaltungen erst einmal als etwas Negatives erkannt haben, wird dies allein schon ihre Heftigkeit mildern.

Ich stamme aus dem Nordosten Tibets. Die Leute aus jener Gegend sind bekannt für ihre aufbrausende Art. Wenn ich also wütend werde, kann ich das als Ausrede benutzen. Als ich fünfzehn oder zwanzig Jahre alt war, war ich ziemlich aufbrausend. Aber durch mein buddhistisches Training und durch schwierige Erfahrungen ist es mir gelungen, mein mentales Gleichgewicht zu stabilisieren. Schwierige Erfahrungen sind eine gute Schule für den Geist. Sie helfen uns, eine Art innerer Entschlossenheit zu entwickeln.

Verglichen mit der Zeit vor etwa zwanzig oder dreißig Jahren ist mein inneres Gleichgewicht heute viel stabiler. Natürlich kommt es auch heute noch vor, daß mich etwas stört, aber das geht rasch vorbei, und heftige Gefühlsaufwallungen sind mir fast unbekannt. Folglich empfinde ich mehr Freude und Glück. Wenn ich sehr schlechte Nachrichten erhalte, habe ich einige Minuten lang ein unangenehmes Gefühl, aber anschließend spüre ich keine größere Unruhe mehr. Durch Übung können wir uns verändern. Wir können uns weiterentwickeln. Infolge meines Trainings bleibe ich innerlich stets relativ ruhig. Ich fühle mich normalerweise entspannt und erfreue mich guter Gesundheit. Ich nehme keine Schlaftabletten und habe stets Appetit. Aus eigener Erfahrung bin ich davon überzeugt, daß wir mit weniger Wut glücklicher und gesünder werden, häufiger lächeln und lachen und mehr Freunde haben.

Im Einklang mit der Welt, 26–29

Wandlung braucht Zeit

Wir leben in einer Zeit der Computer und der Automatisierung, weshalb man vielleicht glauben könnte, daß auch die innere Entwicklung etwas Automatisches ist, wobei man einen Knopf drückt und alles anders wird. Dem ist nicht so. Die innere Entwicklung ist nicht einfach und dauert ihre Zeit. Der äußere Fortschritt, die Raumfahrt usw., hat seinen heutigen Stand nicht innerhalb kurzer Zeit, sondern im Laufe von Jahrhunderten erreicht, wobei jede Generation auf der Grundlage der Fortschritte früherer Generationen immer größere Fortschritte erzielte. Die innere Entwicklung ist demgegenüber noch schwieriger, weil sich das Erreichte nicht von Generation zu Generation weitergeben läßt. Die Erfahrungen Ihres früheren Lebens beeinflussen sehr stark dieses Leben, und die Erfahrungen dieses Lebens werden zur Grundlage der Entwicklungen während der nächsten Wiedergeburt, doch ist es unmöglich, die innere Entwicklung von einer Person auf eine andere zu übertragen. Deshalb kommt alles auf Sie selbst an, und dies dauert seine Zeit.

Ich kenne Menschen aus dem Westen, die zu Beginn mit Feuereifer übten, aber nach wenigen Jahren ihre Übungen völlig vergaßen und nichts mehr blieb von demjenigen zurück, was sie einst übten. Dies liegt daran, daß sie am Anfang zu viel erwarteten. Shantidevas „Wirken der Bodhisattva-Taten" betont, wie wichtig es ist, Geduld zu üben, Toleranz. Diese Toleranz ist eine Haltung nicht nur gegenüber Ihrem Feind, sondern auch eine Haltung der Aufopferung, der Entschlossenheit, damit man nicht der Trägheit der Entmutigung verfällt.

Man muß Geduld oder Toleranz mit großer Nachdrücklichkeit üben. Dies ist sehr wichtig.

Lassen Sie mich aus meiner eigenen Erfahrung berichten. Ich wurde in eine buddhistische Familie in einem Land hineingeboren, das überwiegend buddhistisch ist, wiewohl es auch Christen und Moslems und viele Anhänger der alten tibetischen Bon-Religion gibt. Ich konnte den Buddhismus in meiner Muttersprache erlernen und wurde schon in sehr jungen Jahren Mönch. Aus der Sicht des Einübens der buddhistischen Lehre hatte ich es also sehr viel leichter als Sie. Was aber meine eigene Entwicklung betrifft, begann ich mich im Alter von fünfzehn oder sechzehn Jahren wirklich für das Üben zu begeistern. Ich übe seit dieser Zeit und bin jetzt vierundvierzig. Wenn ich über die Jahre zurückblicke, kann ich feststellen, daß es in Zeiträumen von etwa zwei bis drei Jahren jeweils Verbesserungen gab. Innerhalb weniger Wochen kann ich nur wenig bemerken. Deshalb ist es so wichtig, in seinen Bemühungen beim Üben niemals nachzulassen.

Die innere Entwicklung vollzieht sich Schritt für Schritt. Man denkt vielleicht: „Meine innere Ruhe, mein geistiger Friede, ist heute sehr gering", wenn man aber vergleicht, wenn man fünf, zehn oder fünfzehn Jahre zurückblickt und denkt: „Wie habe ich damals gedacht? Wieviel inneren Frieden hatte ich damals und wie steht es heute?" – wenn man den Vergleich zu der damaligen Zeit zieht, dann sieht man, daß es einen Fortschritt gegeben hat, daß man sich etwas erarbeitet hat. In dieser Weise sollte man vergleichen – nicht damit, was man heute und gestern oder letzte Woche und letzten Monat und auch nicht letztes Jahr empfunden hat, sondern vor fünf Jahren. Dann kann man feststellen, welche Verbesserung innerlich eingetreten ist. Der Fortschritt tritt dadurch ein, daß man sich beim täglichen Üben beständig anstrengt.

Eine Politik der Güte, 90–92

Die Hoffnung wiederfinden

Wenn man in einer schwierigen Phase steht, kann man in der Weise reagieren, daß man seine Entschlußkraft oder Hoffnung verliert und deprimiert wird. Dies ist natürlich sehr traurig, sehr negativ. Die schwierige Situation kann aber auch die Augen für die wirkliche Situation, die Wahrheit, öffnen. Man sehe sich die menschliche Geschichte an. Die menschliche Geschichte ist gewissermaßen eine Geschichte des menschlichen Denkens. Historische Ereignisse, Kriege, gute Entwicklungen, Tragödien ... all dies sind Zeugnisse negativen oder positiven menschlichen Denkens. All die großen Menschen, die Befreier, die großen Denker, all diese großen Persönlichkeiten der Vergangenheit sind aus positivem Denken hervorgegangen. Tragödien, Tyrannei, all die schrecklichen Kriege, all die negativen Dinge sind durch negatives menschliches Denken geschehen. Im menschlichen Geist sind sowohl positive wie negative Gedanken potentiell vorhanden. Deshalb ist es für den Menschen das einzig Sinnvolle, das positive Denken zu entwickeln, dessen Macht oder Kraft zu steigern und das negative Denken zu verringern. Wenn man dies tut, wird einem durch Menschenliebe, Nachsicht und Güte mehr Hoffnung und Entschlußkraft zuteil. Hoffnung und Entschlußkraft aber bringen eine hellere Zukunft. Wenn man seinem Zorn oder Haß nachgibt, ist man verloren. Kein vernünftiger Mensch möchte verloren sein.

Dies ist keine spirituelle Lehre, keine moralische Anweisung. Es ist eine Tatsache, die man anhand der alltäglichen Erfahrung überprüfen kann. Wenn man also menschliche Entschlußkraft entwickeln will, braucht man Hoffnung. Um Hoffnung zu entwickeln, braucht man Mitgefühl und Liebe. Liebe und Mitgefühl sind die Grundlage für Hoffnung und Entschlußkraft. Deshalb betont jede spirituelle Lehre der Welt die Bedeutung von Liebe und Güte.

Eine Politik der Güte, 103–104

KAPITEL 3

VON DER VERANTWORTUNG FÜR SICH UND DIE WELT

Das Verantwortungsbewußtsein wachsen lassen

Was ist mein Lebenszweck, was sind meine Verantwortlichkeiten? Ob es mir paßt oder nicht – ich lebe auf diesem Planeten und es ist entschieden besser, etwas für die Menschheit zu tun. Man sieht also, daß Mitgefühl der Same oder die Grundlage ist. Wenn wir das Mitgefühl sorgfältig pflegen, werden wir sehen, daß es die anderen guten menschlichen Eigenschaften hervorbringt. Das Thema Mitgefühl ist durchaus nicht Sache der Religion; man muß sich unbedingt klar machen, daß es eine menschliche Angelegenheit ist, daß es eine Frage des Überlebens der Menschheit ist, daß es kein Luxus ist, den sich der Mensch leistet. Ich würde beinahe sagen, daß Religion eine Art Luxus ist. Wenn Sie Religion haben, ist dies gut. Es ist aber klar, daß wir auch ohne Religion durchkommen können. Wir können aber nicht ohne diese grundlegenden menschlichen Eigenschaften überleben. Es ist eine Frage unseres eigenen Friedens und unserer geistigen Stabilität.

Befassen wir uns nun mit dem Menschen als einem sozialen Lebewesen. Auch wenn wir andere Menschen nicht mögen, müssen wir miteinander leben. Das Gesetz der Natur fordert, daß selbst Bienen und andere Tiere kooperativ zusammenleben müssen. Ich habe eine besondere Schwäche für Bienen, weil ich Honig mag – er ist wirklich eine Köstlichkeit. Ihr Erzeugnis ist etwas, das wir nicht herstellen können – ist das nicht herrlich? Ich glaube fast, daß ich diese Tiere zu sehr in Anspruch nehme ... Auch diese Insekten haben gewisse Verantwortlichkeiten, sie arbeiten sehr schön zusammen. Sie haben keine Verfassung, kein Gesetz, keine Polizei, nichts, und doch arbeiten sie effektiv zusammen. Dies macht die Natur. Ebenso sind die Teile einer Blume nicht vom Menschen, sondern von der Natur zusammengefügt. Die Kraft der Natur ist etwas Bemerkenswertes. Wir Menschen haben Verfassungen, Gesetze, eine Polizei, wir haben Religion, wir haben so vieles. In der Praxis aber glaube ich, daß uns die kleinen Insekten etwas voraushaben.

Manchmal bringt uns die Zivilisation schöne Fortschritte, doch starren wir zu sehr auf diesen Fortschritt und vernachlässigen oder vergessen unsere grundlegende Natur. Jede Entwicklung der menschlichen Gesellschaft sollte auf dem Fundament der menschlichen Natur aufbauen. Wenn wir dieses Fundament verlassen, haben solche Entwicklungen ihren Sinn verloren.

Beim gemeinsamen Handeln, bei der Zusammenarbeit kommt es vor allem auf Verantwortungsbewußtsein an. Dieses kann man allerdings nicht gewaltsam entwickeln, wie es in Osteuropa und in China versucht wurde. Dort wurden ungeheure Anstrengungen unternommen, im Geist eines jeden Menschen Verantwortungsbewußtsein zu erzeugen, ein Interesse an den gemeinsamen statt an den persönlichen Belangen. Die ganze Erziehung, die Ideologie, die Praktiken der Gehirnwäsche sind auf dieses Ziel gerichtet. Aber die Mittel sind abstrakt, und das Verantwortungsbewußtsein kann sich nicht entwickeln. Das wirkliche Verantwortungsbewußtsein entwickelt sich nur durch Mitleid und Altruismus.

Die moderne Wirtschaft kennt keine nationalen Schranken. Wenn wir über Ökologie, über Umwelt sprechen, wenn wir uns um die Ozonschicht Sorgen machen, kann ein einzelner, eine Gesellschaft, ein Land allein diese Probleme nicht lösen. Wir müssen zusammenarbeiten. Die Menschheit braucht mehr wirkliche Kooperation. Die Grundlage für die Entwicklung guter Beziehungen zu anderen ist Altruismus, Mitgefühl und Nachsicht. Damit kleinere Streitigkeiten begrenzt bleiben, ist im Kreis der Menschen das beste Mittel die Nachsicht. Altruismus und Nachsicht sind die Grundlage dafür, daß die Menschheit zusammenwächst. Dann wird kein Konflikt, wie schwerwiegend er auch sein mag, über die Schranken des wirklich Menschlichen hinausgehen.

Eine Politik der Güte, 124–125

Vom Überleben in einer ständig kleiner werdenden Welt

Die Einsicht, daß wir letztlich alle dieselben Menschenwesen sind, die nach Glück streben und Leid zu vermeiden trachten, ist sehr hilfreich für die Entwicklung einer geschwisterlichen Zuneigung – einer herzlichen Empfindung der Liebe und des Mitgefühls für andere. Dies wiederum ist von wesentlicher Bedeutung, wenn wir in dieser ständig kleiner werdenden Welt überleben wollen. Wenn jeder einzelne von uns nur nach demjenigen trachtet, was er für seinen eigenen Vorteil hält, ohne die Bedürfnisse anderer zu berücksichtigen, könnte es sein, daß wir am Ende nicht nur anderen, sondern uns selbst Schaden zugefügt haben. Diese Tatsache ist in diesem Jahrhundert sehr deutlich zutage getreten. Wir wissen heute zum Beispiel, daß das Wagnis eines Atomkrieges einem Selbstmord gleichkäme, oder daß die Verschmutzung der Luft oder der Meere um eines kurzfristigen Vorteils willen uns die Lebensgrundlage entziehen würde. Je größer die wechselseitige Abhängigkeit der einzelnen Menschen und der Völker wird, desto unausweichlicher wird die Notwendigkeit, eine, wie ich es nennen möchte, Empfindung der universellen Verantwortlichkeit zu entwickeln.

Wir sind heute in der Tat eine weltweite Familie. Was in irgendeinem Teil der Welt geschieht, kann für uns alle Folgen haben. Dies gilt natürlich nicht nur für die negativen Dinge, sondern auch für die positiven Entwicklungen. Wir wissen nicht nur, dank der außerordentlichen heutigen Kommunikationstechniken, was andernorts geschieht, sondern wir sind auch unmittelbar von Ereignissen betroffen, die weit von uns entfernt eintreten. Es macht uns traurig, wenn in Ostafrika Kinder verhungern. Andererseits macht es uns fröhlich, wenn eine Familie nach Jahren der Trennung durch die Berliner Mauer wiedervereint wird. Unsere Feldfrüchte und unser Vieh sind kontaminiert, unsere Gesundheit und unser Lebensunterhalt sind bedroht, wenn weit entfernt in einem anderen Land ein Reaktorunglück geschieht. Unsere eigene Sicherheit wird größer, wenn Kriegsgegner in anderen Kontinenten Frieden schließen.

Krieg oder Frieden, Zerstörung oder Schutz der Umwelt, Verletzung oder Bekräftigung der Menschenrechte und demokratischen Freiheiten, Armut oder Wohlstand, das Fehlen moralischer und spiritueller Werte oder gerade ihr Vorhandensein und ihre Entwicklung, der Zusammenbruch oder die Entwicklung des gegenseitigen Verstehens sind aber keine isolierten Phänomene, die man unabhängig voneinander analysieren und angehen kann. Sie sind vielmehr auf allen Ebenen miteinander verknüpft und müssen aus diesem Verständnis begriffen werden.

Frieden im Sinne einer Abwesenheit von Krieg nützt demjenigen wenig, der vor Hunger oder Kälte umkommt. Ein solcher Frieden nimmt nicht die Folterqualen weg, die ein Mensch erdulden muß, der aus Gewissensgründen ins Gefängnis geworfen wurde. Er tröstet diejenigen nicht, die ihre Angehörigen in Wasserfluten verloren haben, deren Ursache die gedankenlose Abholzung von Wäldern in einem Nachbarland ist. Der Friede kann nur dann dauerhaft sein, wenn die Menschenrechte respektiert werden, die Menschen satt werden und der einzelne und die Völker frei sind. Wahrer Friede mit uns selbst und der uns umgebenden Welt ist nur durch die Entwicklung geistigen Friedens möglich. Die anderen zuvor erwähnten Phänomene stehen in einem ähnlichen Zusammenhang. So haben zum Beispiel eine saubere Umwelt, Reichtum oder Demokratie im Angesicht des Krieges, insbesondere des Atomkrieges, wenig mehr zu bedeuten, und materieller Wohlstand genügt nicht, um das Glück des Menschen zu sichern.

Natürlich ist materieller Fortschritt für das Wohlergehen des Menschen wichtig. In Tibet haben wir der technologischen und wirtschaftlichen Entwicklung viel zu wenig Aufmerksamkeit geschenkt, und wir sehen heute, daß dies ein Fehler war. Andererseits kann materielle Entwicklung ohne spirituelle Entwicklung ebenfalls große Probleme verursachen. In einigen Ländern wird den äußeren Dingen zu viel Aufmerksamkeit gewidmet, während die innere Entwicklung vernachlässigt wird. Ich glaube, daß beides wichtig ist und beides nebeneinander entwickelt werden muß, damit beides im Ausgleich stehen kann. Ausländische Besucher beschreiben die Tibeter immer als ein glückliches, fröhliches Volk. Dies ist ein Zug unseres Nationalcharakters, der durch kulturelle und religiöse Werte geprägt ist, welche die Bedeutung des geistigen Friedens durch eine Haltung der Liebe und Güte gegenüber allen anderen fühlenden Lebewesen, gegenüber Mensch und Tier betonen. Der innere Friede ist der Schlüssel: Wenn man inneren Frieden hat, können die äußeren Probleme die tiefe Empfindung des Friedens und der Gelassenheit nicht beeinträchtigen. In dieser geistigen Verfassung kann man sich mit Situationen in Gelassenheit und Vernunft auseinandersetzen und dabei sein inneres Glück bewahren. Dies ist sehr wichtig. Ohne diesen inneren Frieden ist man trotz aller materiellen Bequemlichkeit durch die Umstände beunruhigt oder unglücklich.

Es kommt also offenbar sehr viel darauf an, daß man die Wechselbeziehungen zwischen diesen und anderen Phänomenen versteht und Probleme in einer ausgeglichenen Art angeht und zu lösen versucht, die diese unterschiedlichen Aspekte in Betracht zieht. Natürlich ist es nicht einfach. Es nützt aber wenig, ein Problem in einer Weise zu lösen, die ein nicht weniger schweres Problem herbeiführt. Wir haben also keine Alternative: Wir müssen eine Empfindung universeller Verantwortlichkeit nicht nur im geographischen Sinne, sondern in bezug auf die vielfältigen Probleme entwickeln, die unseren Planeten bedrohen.

Die Verantwortung liegt nicht nur bei den Führern unserer Länder oder bei denjenigen, die für eine bestimmte Aufgabe gewählt oder ernannt wurden. Sie liegt bei jedem einzelnen von uns. Der Friede zum Beispiel beginnt bei jedem einzelnen. Wenn wir inneren Frieden haben, können wir auch in Frieden mit den uns umgebenden Menschen leben. Wenn unsere Gemeinschaft in einem Zustand des Friedens ist, kann sie diesen Frieden mit Nachbargemeinschaften teilen usw. Wenn wir anderen Liebe und Güte entgegenbringen, bewirkt dies nicht nur, daß diese sich geliebt und umsorgt fühlen, sondern dies hilft auch uns, inneres Glück und inneren Frieden zu erlangen. Es gibt Möglichkeiten, bewußt daran zu arbeiten, Empfindungen der Liebe und Güte zu entwickeln. Für einige von uns ist der wirksamste Weg, dies zu tun, religiöses Handeln. Für andere können es nichtreligiöse Praktiken sein. Worauf es ankommt, ist, daß wir alle uns aufrichtig bemühen, unsere Verantwortung füreinander und für die natürliche Umwelt ernstzunehmen.

Eine Politik der Güte, 16–19

Umweltprobleme sind Ausdruck unserer Gier

Die Umwelt ist eine weitere Herausforderung, mit der die Menschheit konfrontiert ist. Eine Anzahl prominenter Umweltschützer haben ihren Wunsch zum Ausdruck gebracht, die einzelnen Religionen und insbesondere ihre führenden Persönlichkeiten sollten auf diesem Gebiet mehr Initiative zeigen. Dies ist ein Anliegen, das ich voll unterstützte. Meiner persönlichen Meinung nach sind sehr viele Umweltprobleme auf unsere unersättlichen Ansprüche, unseren Mangel an Zufriedenheit und unsere Gier zurückzuführen. In den religiösen Lehren finden sich zahlreiche Unterweisungen darüber, wie man seine Wünsche und Begierden kontrolliert und sein Verhalten zum Positiven ändern kann. Die Religionen haben nicht nur das Potential, sondern auch die Verantwortung, einen Beitrag in dieser Richtung zu leisten.

Mit dem Herzen denken 112–113

Egoismus bringt uns nicht weiter

Daraus, daß wir alle miteinander verbunden sind und ein gleiches Recht auf Glück haben, folgt logischerweise, daß die Interessen der fünf Milliarden Bewohner dieser Erde mehr zählen als die einer Einzelperson, und sei sie noch so bedeutend. Wenn Sie diesem Gedankengang folgen, werden Sie allmählich einen Sinn für globale Verantwortung entwickeln. Auch die Umweltprobleme unserer Zeit wie beispielsweise die Verringerung der Ozonschicht verdeutlichen klar die Notwendigkeit weltweiter Zusammenarbeit. Dies ist keine religiöse Frage, vielmehr betrifft es die Zukunft der Menschheit. Die Dinge altruistisch und mit einem weiten Horizont zu sehen ist für unsere heutige Welt von großer Bedeutung. Wenn wir eine Situation aus verschiedenen Blickwinkeln betrachten und entdecken, wie in unserer heutigen Lebensform alles miteinander in Zusammenhang steht, wird sich unsere Anschauung dahin gehend ändern, daß wir andere in Gedanken nicht mehr länger als unwesentlich abtun. Wir werden ihnen gegenüber nicht mehr indifferent bleiben können.

Wenn man nur an sich selbst denkt und die Rechte und das Wohlergehen der anderen geringschätzt oder – schlimmer noch – sie ausbeutet, wird man am Ende der Verlierer sein.

Mit dem Herzen denken, 74–75

Verantwortung ist eine Frage des Überlebens

Der Friede und der Fortbestand des Lebens auf der Erde, wie wir sie kennen, sind durch menschliche Aktivitäten bedroht, die humanitären Werten zu wenig Beachtung schenken. Die Zerstörung der Natur und der natürlichen Ressourcen sind eine Folge von Unkenntnis, Habgier und mangelnder Achtung vor den Lebewesen der Erde.

Diese mangelnde Achtung wird auch für die menschlichen Abkömmlinge der Erde Folgen haben, für die künftigen Generationen, denen wir einen Planeten in schlimmem Zustand hinterlassen, wenn nicht der Weltfriede Wirklichkeit wird und wenn die Zerstörung der natürlichen Umwelt mit der heutigen Geschwindigkeit fortschreitet.

Unseren Vorfahren galt die Erde als reich und mit Fülle gesegnet, und das ist sie auch. Viele Menschen vergangener Zeiten betrachteten die Natur auch als unerschöpflich erhaltbar, was aber, wie wir wissen, nur dann der Fall ist, wenn wir für sie sorgen. Es fällt nicht schwer, die Zerstörungen der Vergangenheit zu entschuldigen, die aus Unkenntnis geschahen. Heute aber haben wir eine breitere Wissensbasis, wir müssen von einem moralischen Standpunkt aus prüfen, was wir geerbt haben, wofür wir verantwortlich sind und was wir den kommenden Generationen weitergeben.

Viele natürliche Lebensräume der Erde, Tiere, Pflanzen, Insekten und sogar Mikroorganismen, die heute selten sind, werden den künftigen Generationen vielleicht schon unbekannt sein. Wir haben die Fähigkeit und die Verantwortung, etwas zu unternehmen; wir müssen etwas tun, bevor es zu spät ist.

So wie wir freundliche und friedliche Beziehungen mit unseren Mitmenschen pflegen sollen, so sollten wir diese Haltung auch auf die natürliche Umwelt ausdehnen. Moralisch gesprochen, sollten wir Verantwortung für unsere ganze Umwelt empfinden.

Dies ist allerdings nicht nur eine Frage der Moral und der Ethik, sondern eine Frage unseres eigenen Überlebens. Für diese Generation und für künftige Generationen ist die Umwelt sehr wichtig. Wenn wir die Umwelt in einer extremen Weise ausbeuten, haben wir vielleicht heute einen gewissen Nutzen davon, doch werden wir selbst wie auch unsere künftigen Generationen langfristig darunter zu leiden haben. Wenn sich die Umwelt verändert, ändern sich auch die Klimabedingungen. Wenn sich das Klima drastisch ändert, ändern sich die Wirtschaft und viele andere Dinge. Unsere körperliche Gesundheit wird erheblich beeinträchtigt werden. Auch hier zeigt sich, daß Umweltschutz nicht mehr eine Frage der Moral, sondern eine Frage unseres eigenen Überlebens ist.

Um also die Umwelt wirksamer zu schützen und zu erhalten, brauchen wir dringend ein inneres Gleichgewicht im Menschen selbst. Die Vernachlässigung der Umwelt, die der menschlichen Gemeinschaft großen Schaden zugefügt hat, resultierte aus unserer Unkenntnis der ganz besonderen Bedeutung der Umwelt. Wir müssen jetzt den Menschen helfen, die Notwendigkeit des Umweltschutzes einzusehen. Wir müssen die Menschen lehren, daß die Umwelterhaltung unmittelbar unserem eigenen Überleben dient.

Wenn man schon egoistisch sein muß, dann sollte man in seinem Egoismus klug und nicht kurzsichtig sein. Der Kernpunkt ist die Empfindung einer universellen Verantwortlichkeit. Dies ist die wirkliche Quelle der Kraft, die wirkliche Quelle des Glücks. Wenn wir alles ausbeuten, was verfügbar ist, Bäume, Wasser und Bodenschätze, und wenn wir nicht für unsere nächste Generation, für die Zukunft planen, dann begehen wir einen Fehler, nicht wahr? Wenn unsere zentrale Motivation aber eine wirkliche Empfindung universeller Verantwortlichkeit ist, dann werden unsere Beziehungen zur Umwelt und zu allen unseren Mitmenschen harmonisch sein.

Letztlich muß die Entscheidung zur Rettung der Umwelt aus dem menschlichen Herzen kommen. Der Kernpunkt ist die Forderung nach einer wirklichen Empfindung der universellen Verantwortlichkeit, deren Grundlage Liebe, Mitfühlen und klares Bewußtsein sind.

Eine Politik der Güte, 116–118

Der Einzelne handelt nicht alleine

Manchmal halten wir ein individuelles Handeln für völlig wirkungslos. Wir meinen dann, es könne eine bessere Wirkung durch Bündeln und Vereinigen aller Kräfte erzielt werden. Aber solche Gruppenbewegungen setzen sich aus Einzelkräften zusammen. Die Gesellschaft besteht aus einer Ansammlung von Individuen. Die Initiative muß also von ihnen – von den einzelnen Menschen – ausgehen. Wenn nicht jedes Mitglied der Gesellschaft einen Sinn für Verantwortung entwickelt, wird die Gemeinschaft nicht vorankommen. Wir dürfen deshalb auf keinen Fall glauben, die individuelle Anstrengung sei sinnlos. Nie sollten Sie so denken! Wir müssen uns Mühe geben!

Mit dem Herzen denken, 166–167

Engagement in Politik und Gesellschaft

Für manche Leute ist die Politik gleichbedeutend mit Unmoral geworden. Sie meinen, man solle die Politik meiden. Eine Politik ohne ethische Spielregeln schadet jeder Gesellschaft, ein Leben ohne jede Moral läßt den Menschen verkümmern. Politik ist aber nicht von vornherein „schmutzig", obwohl viele Politiker die hohen Ideale und die noblen Konzepte, die dem Wohl der Menschheit dienen sollten, mißbraucht haben. Viele Gläubige meinen, Religion und Politik hätten wenig miteinander zu tun, sie halten ein Einmischen von Theologen oder religiösen Führern in die Politik für unangebracht.

Ich aber halte das für eine einseitige Sicht. Heute mehr denn je muß die Ethik eine große Rolle in der Politik spielen. Wie man weiß, kann es sehr gefährlich werden, wenn Politiker und Staatsmänner moralische Prinzipien außer acht lassen. Dabei ist es nicht so wichtig, ob wir an Gott oder das Karma glauben. Ethik ist die Grundlage jeder Religion. Es ist wichtig, daß religiöse Menschen sich nicht aus der Welt und der Gesellschaft, in der sie leben, zurückziehen. Durch Weltflucht kann man anderen nicht helfen, und gerade das – der Dienst am Nächsten – ist die Grundlage jeder Religion. Eine Ausmerzung der Tibeter durch den chinesischen Kommunismus würde nicht nur das Ende eines Volkes, sondern auch das Ende einer sehr hochstehenden Kultur bedeuten. Für die Erhaltung unserer alten tibetischen Kultur trägt die gesamte Welt Verantwortung.

Mitgefühl und Weisheit, 115

Wenn wir uns unser Potential bewußt machen und auf unsere Fähigkeiten vertrauen, ist es möglich, eine bessere Welt zu schaffen. Aus persönlichem Erleben weiß ich, wie wichtig Selbstvertrauen ist. Hier geht es nicht um blindes Vertrauen, sondern um ein Gewahrwerden des eigenen Potentials. Im Buddhismus wird dieses uns eigene Potential die Buddha-Natur genannt oder auch das Klare Licht, welches das fundamentale Wesen des Geistes ist. Auf dieser Grundlage kann der Mensch sich wandeln, indem er seine positiven Eigenschaften stärkt und die negativen Seiten abschwächt. Diese Verwandlung bedeutet keine komplette Veränderung, denn wie können wir ohne eine Ausgangsbasis nach dem Guten streben?

Die grundlegende Lehre des Buddha ist die von den Vier Edlen Wahrheiten: die Wahrheit vom Leiden, die Wahrheit von der Ursache des Leidens, die Wahrheit von der Beendigung des Leidens und die Wahrheit vom Weg, der zur Beendigung des Leidens, zur Befreiung, führt. Das dieser Lehre zugrundeliegende Prinzip ist das universale Gesetz der Kausalität. Um diese grundlegende Lehre zu verstehen, ist es wichtig, dieses eigenen Potentials und der Notwendigkeit, es voll zu nutzen, gewahr zu werden. In diesem Licht gesehen, hat alles, was man tut, eine Bedeutung.

So ist beispielsweise das Lächeln eine ganz wesentliche Ausdrucksform des menschlichen Gesichts. Selbst diese positive Seite unserer Natur können wir jedoch dank unserer Intelligenz in negativer Weise benutzen, indem wir ein sarkastisches oder diplomatisches

Lächeln aufsetzen – was lediglich Mißtrauen hervorruft. Ein aufrichtiges, freundliches Lächeln spielt im alltäglichen Leben eine große Rolle. Wie man es hervorruft, hängt zum guten Teil von der eigenen Einstellung ab. Man kann nicht von anderen erwarten, daß sie einem zulächeln, wenn man es selbst nicht tut. Sehr vieles hängt ganz eindeutig vom eigenen Verhalten ab …

Wie bereits erwähnt, enthält eine Möglichkeit, aus der etwas Positives entstehen kann, gleichzeitig auch ein Potential zu etwas Negativem. Dabei kommt es darauf an, unsere Intelligenz und Urteilskraft zu benutzen und den Gewinn an langfristigem und kurzfristigem Glück zu bedenken.

Mit dem Herzen denken, 13–15

Es kommt auf jeden Einzelnen an

Jeder einzelne von uns ist für die ganze Menschheit verantwortlich. Es ist an der Zeit, daß wir andere Menschen als wirkliche Brüder und Schwestern betrachten, uns um ihr Wohlergehen und darüber Gedanken machen, wie wir ihr Leid verringern können. Auch wenn man den eigenen Vorteil nicht ganz opfern kann, darf man nicht die Belange anderer vergessen. Wir sollten mehr an die Zukunft und den Nutzen der ganzen Menschheit denken.

Wenn man versucht, die eigenen selbstsüchtigen Antriebe – Zorn usw. – zu besiegen und mehr Güte und Mitgefühl gegenüber anderen zu entwickeln, wird der eigene Nutzen größer sein, als wenn man dies nicht täte. Ich sage daher manchmal, daß der kluge Selbstsüchtige dies zu seinem Prinzip machen sollte. Törichte Selbstsüchtige denken immer an sich selbst, und das Ergebnis ist negativ. Kluge Selbstsüchtige denken an andere, helfen anderen, so gut sie können, und das Ergebnis ist, daß auch sie einen Vorteil davon haben.

Dies ist meine schlichte Religion. Man braucht keine Tempel, man braucht keine komplizierte Philosophie. Unser eigenes Gehirn, unser eigenes Herz ist unser Tempel, die Philosophie heißt Güte.

Eine Politik der Güte, 58

Das Zeitalter universeller Verantwortung ist da

Wahres Glück entsteht nicht aus der beschränkten Sorge um das eigene Wohlbefinden oder dasjenige derer, denen man sich nahe fühlt, sondern aus der Entwicklung von Liebe und Mitempfinden für alle fühlenden Wesen. Liebe bedeutet hier den Wunsch, daß alle fühlenden Wesen glücklich werden sollen, und Mitgefühl bezeichnet den Wunsch, daß sie von Leid frei sein sollen. Die Entwicklung einer solchen Haltung läßt eine Empfindung der Offenheit und des Vertrauens entstehen, welche die Grundlage für den Frieden schafft.

Wenn wir die Rechte und Freiheiten fordern, die uns so teuer sind, sollten wir uns auch unserer menschlichen Verantwortlichkeit bewußt sein. Wenn wir akzeptieren, daß andere dasselbe Recht auf Frieden und Glück haben wie wir selbst, haben wir dann nicht die Verantwortung, alles uns Mögliche zu tun, um den Notleidenden zu helfen und es wenigstens zu unterlassen, ihnen Kummer zuzufügen? Wenn wir unsere Augen vor dem Leid unseres Nächsten verschließen, um unsere eigene Freiheit und unser Glück besser genießen zu können, weisen wir eine solche Verantwortung von uns. Wir müssen ein Gespür für die Probleme anderer entwickeln, ob es nun einzelne Menschen oder ganze Völker sind.

In unserer heutigen vernetzten Welt können einzelne und Nationen viele ihrer Probleme nicht mehr selbst lösen. Wir brauchen einander. Wir müssen daher eine Empfindung der universellen Verantwortlichkeit entwickeln. Dies ist die Überzeugung, die ich seit meinem ersten Besuch in Europa und im Westen im Jahre 1973 immer wieder geäußert habe. Es ermutigt mich, daß immer mehr Menschen diese Ansicht teilen. Es entsteht ein wachsendes Bewußtsein für die Verantwortung der Völker gegenüber einander und dem Planeten, auf dem wir alle wohnen. Wiewohl nach wie vor einzelnen und Völkern im Namen der Ideologie, Religion, Geschichte oder Entwicklung so viel Leid zugefügt wird, zeigt sich heute eine neue Hoffnung für die Getretenen. Überall lassen Menschen den Willen erkennen, ihr eigenes Wohlbefinden und manchmal auch ihr Leben für die Rechte und Freiheiten ihrer Mitmenschen zu opfern. Die jüngsten Erfolge im Kampf um die Menschenrechte und Demokratie in einer Reihe asiatischer Länder und andernorts wären ohne die Sympathie, Unterstützung und die Zuwendung von Menschen wie Ihnen nicht möglich gewesen, die sich in der Pflicht fühlen, anderen zu helfen.

Wir sind in der Tat Zeuge einer gewaltigen und weit verbreiteten Bewegung für die Durchsetzung der Menschenrechte und demokratischen Freiheiten in der Welt. Diese Bewegung hat eine so große moralische Kraft, daß auch entschlossene Regierungen und Armeen sie nicht unterdrücken können. Das ist ein ermutigendes Anzeichen für den Triumph des menschlichen Freiheitsgeistes.

Die Zunahme der demokratischen Freiheiten für einzelne wie auch die wachsende Anerkennung der Rechte der Nationen und Völker ungeachtet ihres politischen Status erfüllt viele von uns mit Mut und Hoffnung für die Zukunft. Es ist natürlich und gerecht, daß Nationen und Völker die Achtung ihrer Rechte und

Freiheiten fordern und um die Beendigung von Unterdrückung, Rassismus, militärischer Besetzung und verschiedener Formen der Kolonialisierung und Fremdherrschaft kämpfen. Die Regierungen sollten aktiv und nachdrücklich solche Forderungen unterstützen, statt nur Lippenbekenntnisse zu allgemeinen Prinzipien abzugeben.

Wir erleben den Anbruch eines Zeitalters, in dem extreme politische Konzepte und Dogmen in den menschlichen Beziehungen vielleicht bald keine Rolle mehr spielen werden. Wir müssen diese historische Chance nutzen, um universelle menschliche und spirituelle Werte an ihre Stelle treten zu lassen und sicherzustellen, daß diese Werte zum Credo der Weltfamilie werden, die jetzt entstehen soll.

Eine Politik der Güte, 112–115

KAPITEL 4

VON DER VERANTWORTUNG IN DER LIEBE

Kinder brauchen Liebe

Kinder, die in der liebenden Atmosphäre eines Elternhauses aufwachsen, werden sich eher seelisch gesund entwickeln. Sie werden auch in der Schule besser lernen und erfolgreicher sein. Doch der liebevolle Umgang mit Kindern und Jugendlichen soll sich nicht nur auf das Elternhaus beschränken.

Auch in der Schule macht es einen großen Unterschied, wie Lehrer ihren Schülern begegnen. Wenn sie kalt, abweisend und ungerecht zu den Schülern sind, werden die Schüler weniger Gefallen am Wissen bestimmter Fachgebiete haben. Zeigen sie hingegen Zuneigung und Mitgefühl und Verständnis, dann werden die Schüler dem Unterricht mit einem viel größeren Interesse folgen. Abneigung und Ungeduld motivieren sie kaum zu guten Leistungen.
Später, wenn sie eine Familie gründen, können sie auch ihren Kindern ein glückliches Elternhaus geben. Das ist wie eine Kette, die sich von Generation zu Generation fortsetzt.

Jemand, der ohne Zuneigung aufwachsen muß und dadurch einen Schaden erleidet, befindet sich in einer ganz anderen Lage. Wenn man keine Liebe erfahren hat, weiß man auch nicht, was das ist, und die Beziehungen zu anderen werden oft schwierig. Das könnte als Grundlage für eine allgemeine Ethik unabhängig von Religionen betrachtet werden, Verstehen, Erbarmen und Zuneigung, die man selbst erfahren hat, an andere weiterzugeben.

Die Liebe in der ersten Zeit des menschlichen Lebens ist also eine der wichtigsten Voraussetzungen für die ausgewogene Entwicklung der menschlichen Natur. Fehlt sie, dann fühlen sich die Menschen zeit ihres Lebens verunsichert und werden von allen möglichen Ängsten geplagt.

Mitgefühl und Weisheit, 85–86

Kinder brauchen Schutz

Ich habe das Gefühl, im Fernsehen und in Zeitungen wird hauptsächlich über negative Ereignisse berichtet. Morde und unerfreuliche Vorkommnisse erscheinen sofort in den Nachrichten. Zur gleichen Zeit aber erfahren Millionen von Menschen wie Kinder, Alte und Kranke menschliche Zuwendung und Hilfe, werden ernährt und umsorgt. In unserer Vorstellung sind diese positiven Dinge irgendwie selbstverständlich. Sie scheinen nichts zu sein, das unsere besondere Aufmerksamkeit verdient und wert ist, darüber zu berichten – was man als Beweis dafür nehmen kann, daß Mitgefühl und Zuwendung das eigentliche Wesen des Menschen ausmachen. All diese liebevolle Arbeit scheint uns natürlich. Blutvergießen hingegen überrascht uns. Wir sind schockiert, weil es unserem tiefsten Wesen nicht entspricht.

Als Folge dieser negativen Berichterstattung bekommen aber viele Leute den Eindruck, die menschliche Natur sei schlecht, aggressiv und gewalttätig. Psychologisch gesehen ist das sehr bedenklich, besonders für kleine Kinder, denen im Fernsehen die negativen Seiten des Menschen gezeigt werden. Für einen Augenblick mag dieses Morden und Prügeln ganz aufregend sein. Auf lange Sicht gesehen ist die gezeigte Gewalt aber außerordentlich gefährlich für die menschliche Gesellschaft. Kürzlich hatte ich ein Gespräch mit dem Philosophen Karl Popper, den ich seit meinem ersten Besuch in England im Jahre 1973 kenne. Wir sprachen über die im Fernsehen gezeigte Gewalt, und er teilte meine Meinung, daß davon ein sehr negativer Einfluß auf den

Geist von Millionen von Kindern ausgehe. Die Kinder richtig zu erziehen ist das wichtigste Element in der Hoffnung auf eine bessere Zukunft.

Mit dem Herzen denken, 120–121

Was Eltern beachten sollten

Die Eltern müssen ihr Kind nicht nur äußerlich, sondern auch innerlich wärmen. Sie müssen ihrem Kind eine Atmosphäre der Geborgenheit schaffen, in der es sich geliebt und angenommen fühlt. Es gibt viele ungewollte Kinder, um die sich die Eltern kaum scheren. Das kann dann dazu führen, daß sie später, wenn sie Jugendliche geworden sind, nicht mehr weiterleben wollen. Sie sind so verzweifelt, daß sie ihrem Leben selbst ein Ende setzen, weil sie im Elternhaus nie erfahren durften, wie wertvoll und wie sinnvoll ihr Leben, menschliches Leben überhaupt ist.

Die liebende Hinwendung für ein neugeborenes Kind ist die Voraussetzung, daß es sich geistig und körperlich richtig entwickeln kann. Das gilt bereits für die Zeit, in der ein Säugling die Bedeutung der Worte noch nicht verstehen kann. Man meint vielleicht, es käme nicht so darauf an, was man zu so einem kleinen Wesen sagt, es versteht ja ohnehin nichts. Ärzte, die sich auf die Entwicklung des kindlichen Gehirns spezialisiert haben, versicherten mir aber, daß besonders die Wochen nach der Geburt entscheidend für die Entwicklung des menschlichen Gehirns seien.

Da wirkt sich also die Liebkosung eines Babys günstig auf seine spätere geistige Entwicklung aus. Schon ein Kind spürt, wie wichtig die Liebe für den Menschen ist. Ob man Mitgefühl und liebende Hinwendung erfährt oder nicht, das merkt man bereits am Anfang seines Lebens. Liebe ist die Quelle unseres Lebens. Sie ist für den Menschen so wichtig wie das Wasser für den Fisch.

Mitgefühl und Weisheit, 84–85

Erziehung zum ganzen Menschen

Auf meinen Vortragsreisen bin ich immer wieder von der Lernfreudigkeit der Menschen im Westen überrascht. Die Zuhörer lassen Tonbänder laufen oder schreiben mit. Ganz anders als zum Beispiel tibetische oder chinesische Buddhisten, die zwar sehr andächtig dasitzen, aber doch nicht so begeistert lernen wollen. Ich bin immer wieder beeindruckt von der Tatkraft und dem Wissensdurst, denen ich hier begegne.

Aber ich habe auch festgestellt, daß viele Menschen oft ausschließlich in Schwarz-Weiß- oder Entweder-Oder-Kategorien denken und dabei übersehen, wie sehr alles voneinander abhängt und einander bedingt. Man vergißt dabei leicht, daß es zu jeder Frage mehr als nur zwei Gesichtspunkte gibt.

Vielleicht kommt das daher, daß die westliche Ausbildung fast nur auf die Entwicklung der Intelligenz und ein möglichst großes Wissen ausgerichtet ist. Die Herzensbildung kommt dabei wohl zu kurz. Das hat sicher geschichtliche Gründe. Früher haben sich wohl hauptsächlich die Kirchen um die moralischen und spirituellen Dinge gekümmert. Heute aber ist ihr Einfluß im Schwinden. Dadurch fehlt den Kindern bestimmt etwas Wesentliches in ihrer Erziehung. Es muß ein Gleichgewicht zwischen dem Gehirn und dem Herzen bestehen. Ich denke, daß ein herzloses menschliches Wesen mit einem sehr gut funktionierenden Gehirn ein gefährlicher Unruhestifter ist. Ich schätze jemanden, dessen Intelligenz weniger entwickelt ist, der aber ein gutes Herz hat, höher ein.

Mitgefühl und Weisheit, 73–74

Sich mit der Ehe Zeit lassen

Meine schlichte Meinung ist, daß es in Ordnung ist, sich zu lieben, aber was die Ehe betrifft, sollte man keine Eile haben und vorsichtig sein. Stellen Sie sicher, daß Sie immer zusammenbleiben, zumindest für dieses ganze Leben. Dies ist wichtig, denn wenn man übereilt heiratet, ohne recht zu wissen, was man tut, dann beginnen nach einem Monat oder einem Jahr die Probleme, und man möchte sich wieder scheiden lassen. Aus juristischer Sicht ist die Scheidung möglich, und ohne Kinder ist es vielleicht auch akzeptabel, mit Kindern aber nicht. Es genügt nicht, daß ein Paar nur an seine eigenen Liebesdinge und sein eigenes Vergnügen denkt. Man hat die moralische Pflicht, an seine Kinder zu denken. Wenn sich die Eltern scheiden lassen, leiden die Kinder, und zwar nicht nur vorübergehend, sondern für ihr ganzes Leben. Das Vorbild für einen Menschen sind die eigenen Eltern. Wenn die Eltern immer streiten und sich schließlich scheiden lassen, glaube ich, daß das Kind im Unbewußten, tief innerlich, schlecht beeinflußt und geprägt wird. Dies ist eine Tragödie. Deshalb mein Rat, daß für eine wirkliche Ehe keine Eile besteht: überlegen Sie es sich reiflich, und heiraten Sie erst, wenn Sie sich wirklich gut verstehen; dann wird die Ehe glücklich sein. Glück in der Familie wird zu Glück in der Welt führen.

Eine Politik der Güte, 110

Liebe, die auf Einsicht beruht

Es gibt zwei Arten von Liebe und Mitgefühl. Es gibt das echte Mitgefühl, das man auch vernünftige Liebe nennt, und dann gibt es die übliche Form der Liebe, die sehr eng mit Verlangen und Abhängigkeit verknüpft ist. Liebe und Mitgefühl, die auf Abhängigkeit basieren, sind begrenzt und unbeständig. Sie sind hauptsächlich Projektionen.

Sie lernen zum Beispiel einen äußerst attraktiven Menschen kennen, und Sie möchten ihn oder sie besitzen. Diese Art von Liebe beruht auf Illusion. Sobald sich die Umstände ein wenig verändern, ändert sich auch Ihre Einstellung. Heute sind Sie verliebt, aber morgen haben Sie vielleicht schon feindselige Gefühle. Stimmt das etwa nicht? Echtes Mitgefühl erlaubt uns, das Leid des anderen Menschen zu erkennen, und daraus entsteht dann Ihre Liebe. Wenn Sie auf diese Art lieben, können sie mit dem Leid umgehen, solange der andere Mensch leidet. Das ist dann keine Projektion.

Liebe, die auf Verlangen beruht, hilft uns in keiner Weise. Sie verwirrt uns lediglich. Aber Liebe, die auf Einsicht beruht, ist etwas, das wir brauchen. Wenn wir diese Art von Liebe empfinden, spielt es keine Rolle, ob wir jemanden unseren Freund oder unseren Feind nennen. Unser Feind ist jemand, der leidet, und unser Freund leidet auch. Da beide leiden, besteht kein Unterschied zwischen ihnen. Dies ist der springende Punkt: Es spielt keine Rolle, ob jemand unser Freund oder unser Feind ist.

Im Einklang mit der Welt, 63–64

Sexualität braucht einen Sinn für Verantwortung

Sexualität ist ein weiteres wichtiges Thema. Sie ist Teil der Natur, ohne sie gäbe es die Menschheit nicht – das ist unbestritten. Wenn man aber in ein Extrem verfällt, in eine Art von blinder Verliebtheit, entstehen daraus oft Leid und noch mehr Unglück. Ich denke, daß der Hauptsinn der sexuellen Beziehungen Kinder sind, frische, schöne Babys! Man sollte nicht einfach nur die sexuelle Lust suchen, sondern auch einen Sinn für Verantwortung, einen Sinn für Verpflichtung haben. Wenn wir uns andere Gattungen von Lebewesen anschauen, finde ich einige wirklich bewundernswert. So gründet sich beispielsweise bei manchen Vögeln wie den Schwänen die Beziehung völlig auf den Verantwortungssinn, und das Paar bleibt ein Leben lang zusammen. Dies ist wirklich etwas Wunderbares! Andere Tiere wie beispielsweise Hunde haben diesen Sinn für Verantwortung nicht, sie überlassen sich einfach ihrem Vergnügen am sexuellen Akt, und die Hundemutter bleibt dann mit der Verantwortung für die Jungen allein. Ich finde das wirklich schrecklich!

Als menschliches Wesen gehören wir den Gesetzen der Natur, doch zivilisierte sexuelle Beziehungen sollten nicht nur auf die vorübergehende Befriedigung gerichtet sein. Es ist kurzsichtig, keinen Sinn für Verantwortung zu haben. Natürlich kann ich zu den Fragen, die mir des öfteren über die Ehe gestellt werden, nicht aus eigener Erfahrung Stellung nehmen, über eines aber bin ich mir sicher: Übereilt eine Ehe einzugehen ist gefährlich. Man braucht unbedingt am Anfang eine gewisse Zeit, um sich gegenseitig kennenzulernen, und erst danach, wenn man echtes Vertrauen hat, daß man auch wirklich zusammen leben kann, sollte man heiraten.

Mit dem Herzen denken, 22–24

Geburtenkontrolle ist unerläßlich

Obgleich Kinder das Wichtigste im Familienleben sind, kommt der Geburtenkontrolle allergrößte Bedeutung zu. Für den Buddhismus ist jedes einzelne Leben überaus kostbar. Von diesem Standpunkt aus betrachtet, ist die Geburtenkontrolle natürlich nichts Gutes. Aber die Weltbevölkerung wächst einfach zu stark. Wenn alle Ressourcen der Erde richtig genutzt würden, könnten vielleicht fünf Milliarden Menschen ernährt werden. Nach Meinung einiger Wissenschaftler wären zwei oder drei weitere Milliarden Menschen allenfalls noch akzeptabel. Ich halte eine geringere Bevölkerungszahl jedoch für besser, das wäre friedlicher und erfreulicher für alle. In diesem Sinne wird die Einsicht zwingend, daß eine Geburtenkontrolle zum Wohl der Menschheit unerläßlich ist.

Mit dem Herzen denken, 24–25

In den menschlichen Beziehungen sind Ehe und Kinder etwas sehr Wichtiges. Eine Ehe sollte, wie ich schon sagte, nicht aus blinder oder völliger, verrückter Verliebtheit eingegangen werden, sondern auf der Grundlage eines gegenseitigen Kennens und des Wissens, daß man zusammenpaßt. Die Ehe ist nicht für eine vorübergehende Befriedigung gedacht, sondern erfordert Verantwortungsgefühl. Dies ist die echte Liebe, die sich als Fundament für eine Ehe eignet.

Die Zeugung eines Kindes sollte in dieser ethischen Gesinnung stattfinden. Daß während der Schwangerschaft innere Ruhe und Frieden der Mutter einen äußerst positiven Effekt auf das Ungeborene ausüben, kann nach Meinung einiger Wissenschaftler nicht bezweifelt werden. Wenn die Mutter sich in einer negativen geistigen Verfassung befindet, frustriert oder ärgerlich ist, schadet dies der gesunden Entwicklung des Kindes. Ein Wissenschaftler erläuterte mir, daß die ersten Wochen nach der Geburt der wichtigste Zeitabschnitt für die Entwicklung des kindlichen Gehirns sei, wobei der Körperkontakt mit der Mutter oder einer stellvertretenden Person von entscheidender Bedeutung sei. Dies macht deutlich, wie sehr das Kind schon rein physisch auf Zuwendung angewiesen ist, obwohl es möglicherweise gar nicht realisiert, woher diese kommt.

Das erste, was die Mutter nach der Geburt tut, ist, ihr Kind zu stillen. Wenn sie dabei keine Liebe empfindet, fließt ihre Milch nicht. Sie wird nur dann ungehindert fließen, wenn die Mutter trotz ihres angegriffenen Zustands und ihrer Schmerzen ihrem Kind liebevoll zugetan ist. Diese liebevolle Gesinnung ist wie ein kostbarer Edelstein. Wenn von seiten des Kindes ein Gefühl des Hingezogenseins zur Mutter fehlt, wird es nicht saugen. Dies zeigt, wie wundervoll der Akt der Zuneigung auf beiden Seiten ist! Er steht am Anfang unseres Lebens!

Mit dem Herzen denken, 66–67

KAPITEL 5

VON RELIGION UND GLAUBE IN DER HEUTIGEN ZEIT

Auf verschiedenen Wegen zum selben Ziel

All die unterschiedlichen religiösen Überzeugungen haben trotz ihrer philosophischen Unterschiede ein ähnliches Ziel. Jede Religion betont die Besserung des Menschen. Liebe, Achtung vor anderen Menschen, Teilnahme am Leid anderer Menschen. Diesbezüglich hat jede Religion mehr oder weniger denselben Standpunkt und dasselbe Ziel. Diejenigen Religionen, die den allmächtigen Gott, den Glauben an Gott und die Liebe zu Gott betonen, sehen die Erfüllung des Willens Gottes als ihre Aufgabe an. Sie betrachten uns alle als Geschöpfe und Anhänger eines einzigen Gottes und lehren, daß wir einander lieben und helfen sollen. Der Zweck des festen Glaubens an Gott ist es, seinen Willen zu tun, der im Kern darin besteht, unsere Mitmenschen zu lieben, zu ehren, zu achten und ihnen zu dienen.

Da es eine wesentliche Zielsetzung auch der anderen Religionen ist, in ähnlicher Weise solche nutzbringenden Empfindungen und Handlungen zu fördern, glaube ich sehr, daß aus dieser Sicht die Zielsetzung all der unterschiedlichen philosophischen Darlegungen im Kern dieselbe ist. Durch die verschiedenen religiösen Systeme entwickeln die Anhänger eine heilbringende Haltung gegenüber ihren Mitmenschen – unseren Brüdern und Schwestern – und setzen diese gute Motivation im Dienste einer menschlichen Gesellschaft ein. Dies haben eine große Vielzahl von Anhängern des Christentums in der ganzen Geschichte bewiesen; viele haben ihr Leben zum Wohle der Menschheit hingegeben. Das ist die wahre Verwirklichung des Mitgefühls.

Als wir Tibeter eine schwierige Zeit durchstehen mußten, nahmen christliche Gemeinden in der ganzen Welt an unserem Leid Anteil und eilten uns zu Hilfe. Ohne Rücksicht auf die rassischen, kulturellen, religiösen und philosophischen Unterschiede betrachteten sie uns als Mitmenschen und kamen uns zu Hilfe. Dies gab uns echte Inspiration und ließ uns den Wert der Liebe erkennen.

Zwar betont jede Religion das Mitgefühl und die Liebe, doch gibt es aus philosophischer Sicht Unterschiede; hiergegen ist aber nichts einzuwenden. Philosophische Lehren sind nicht der Zweck, nicht das Ziel, nicht dasjenige, dem man dient. Das Ziel ist es, anderen zu helfen und Gutes zu tun, und philosophische Lehren, die diese Gedanken untermauern, sind wertvoll. Wenn wir die Unterschiede in der Philosophie betonen, miteinander streiten, einander kritisieren, hat dies keinen Zweck. Das Streiten wird kein Ende haben; das Ergebnis wird vor allem sein, daß wir einander verärgern – und gar nichts erreichen. Besser ist es, auf den Zweck der Philosophie zu sehen und die Gemeinsamkeiten zu betrachten – die Betonung der Liebe, des Mitgefühls und die Achtung einer höheren Kraft.

Keine Religion vertritt im Grunde die Auffassung, daß materieller Fortschritt allein für die Menschheit ausreicht. Alle Religionen glauben an Kräfte, die über den materiellen Fortschritt hinausgehen. Alle sind sich einig, daß es sehr wichtig und lohnend ist, sich nach Kräften zu bemühen, der menschlichen Gesellschaft zu dienen.

Hierfür ist gegenseitiges Verständnis wichtig. Früher gab es aufgrund von Engstirnigkeit und anderen Faktoren manchmal Zwietracht zwischen religiösen Gruppen. Dies darf nicht wieder geschehen. Wenn wir im Zusammenhang der weltweiten Situation den Wert einer Religion richtig erkennen, kann es uns gelingen, diese unglücklichen Ereignisse der Vergangenheit angehören zu lassen. Es gibt so viele Gemeinsamkeiten, auf deren Grundlage wir Harmonie schaffen können. Stehen wir einfach – einander helfend, achtend und verstehend – im gemeinsamen Bemühen zusammen, der Menschheit zu dienen! Das Ziel der menschlichen Gesellschaft muß die mitleidsvolle Verbesserung der Lage der Menschheit sein.

Eine Politik der Güte, 60–62

Weshalb Glaubensunterschiede nützlich sind

Bezüglich der Methoden zur Entwicklung von Liebe wie auch zur Erlangung des Heils oder dauerhafter Befreiung gibt es viele Unterschiede zwischen den Religionen. Ich glaube also nicht, daß man eine einzige Philosophie und eine einzige Religion schaffen kann.

Ich glaube darüber hinaus, daß Glaubensunterschiede nützlich sind. Ich sehe es als Reichtum, daß es so viele unterschiedliche Darlegungen des Weges gibt. Angesichts der Tatsache, daß es so viele unterschiedliche Menschentypen gibt, ist dies hilfreich.

Daneben ist die Motivation aller religiösen Praxis ähnlich – Liebe, Aufrichtigkeit, Ehrlichkeit. Die Lebensphilosophie praktisch aller religiösen Menschen ist Zufriedenheit. Die Lehre der Toleranz, der Liebe und des Mitgefühls ist dieselbe. Ein grundlegendes Ziel ist das Wohlergehen der Menschheit – wobei jedes System in seiner ganz eigenen Weise versucht, den Menschen zu bessern. Wenn wir unsere eigene Philosophie, Religion oder Theorie zu sehr betonen oder ihr zu sehr verhaftet sind und versuchen, sie anderen Menschen aufzudrängen, gibt es Schwierigkeiten. Letztlich gründeten alle großen Lehrer wie Gautama Buddha, Jesus Christus oder Mohammed ihre neuen Lehren aus der Motivation, ihren Mitmenschen zu helfen. Es ging ihnen nicht darum, etwas für sich selbst zu erlangen oder in der Welt mehr Unruhe oder Ärger zu schaffen.

Vor allem kommt es darauf an, daß wir einander respektieren und voneinander diejenigen Dinge lernen, die unsere eigene Praxis bereichern können. Auch wenn die Systeme voneinander getrennt sind, ist das gegenseitige Studium nützlich, weil sie alle dasselbe Ziel haben.

Eine Politik der Güte, 63–64

Dasselbe muß nicht das Gleiche sein

In einem Kloster in der Nähe von Barcelona begegnete ich einmal einem christlichen Mönch, der fünf Jahre in einer Klause hinter dem Kloster zugebracht hatte. Als ich dort zu Besuch weilte, wollte auch er mich begrüßen. Sein Englisch war nicht sehr gut, es war sogar schlechter als meines. Wir konnten nicht viel miteinander sprechen. Wir blickten einander ins Gesicht. Ich hatte dabei eine sehr glückliche Empfindung, eine Art Schwingung. Ich begann das wirkliche Ergebnis des christlichen Übungsweges zu begreifen. Das Christentum hat ein anderes Verfahren, eine andere Tradition, eine andere Philosophie ... und doch bringt es einen solchen Menschen hervor. Ich fragte ihn: „Was haben Sie während Ihrer Jahre in Einsamkeit geübt?" – „Ich konzentrierte mich auf die Liebe", sagte er mir. Sehen Sie, es ist doch dasselbe, nicht wahr? Dies bedeutet aber nicht, daß alle Theorien gleich sind. Ich glaube, daß eine größere Vielfalt von Theorien nützlicher ist, weil es eine Vielfalt von Menschen gibt.

Eine Politik der Güte, 59

Eine Religion, die die Bedürfnisse aller Menschen stillt, gibt es nicht

Mitgefühl, Liebe und Versöhnung sind für mich die gemeinsame Grundlage aller Religionen, ungeachtet ihrer spirituellen und metaphysischen Tradition. Obwohl es zwischen ihnen fundamental unterschiedliche Ideen gibt, wie die Annahme eines allmächtigen Schöpfergottes, lehren alle Religionen uns das gleiche – ein warmherziger Mensch zu sein. Alle betonen den Wert von Mitgefühl und Vergebung. Weil die verschiedenen Religionen ihre eigenen Verbreitungsgebiete hatten und es kaum Austausch zwischen ihnen gab, bestand in der Vergangenheit nicht die Notwendigkeit eines religiösen Pluralismus. Heute aber – wo die Welt kleiner geworden ist – ist die Kommunikation der verschiedenen Glaubensrichtungen untereinander sehr lebhaft. In Anbetracht dieser Tatsache scheint mir ein religiöser Pluralismus ganz wesentlich. Wenn man den Wert dessen, was die verschiedenen Religionen durch die Jahrhunderte der Menschheit vermittelt haben, unvoreingenommen und sachlich prüft, findet man ausreichende Gründe, sie alle in ihrer Vielfalt zu akzeptieren und zu achten. Übrigens haben die Menschen so unterschiedliche geistige Veranlagungen, daß keine Religion, so tiefsinnig sie auch sei, sich dazu eignet, die Bedürfnisse aller zu stillen.

Mit dem Herzen denken, 83–84

Alle großen Religionen auf dieser Welt, ob es Buddhismus, Judaismus, Christentum, Islam, Konfuzianismus, Hinduismus, Jainismus, der Glaube der Sikhs, Taoismus, Zoroastrismus ist – alle haben ähnliche Vorstellungen vom Ideal der Liebe. Der letzte Sinn ihrer religiösen und spirituellen Übungen ist die tätige Nächstenliebe. Die großen religiösen Lehrer der Menschheit wollten ihre Anhänger von schlechten Handlungen abbringen und sie durch ihre Lehre auf den Pfad des Guten bringen.

Alle Glaubensrichtungen suchen Antworten auf die grundlegenden Fragen des Daseins und geben ihren Gläubigen ethische Verhaltensregeln. So lehren alle Religionen in ihren Geboten, daß wir nicht lügen, nicht stehlen, nicht töten sollen. Diese Gebote sind für uns wegweisend.

Hier sehe ich keine großen Unterschiede. Nach meiner Überzeugung sollten die Religionen ihre Anhänger lehren, alle Menschen als Brüder oder Schwestern zu betrachten. Nur so können sie lernen, einander in Toleranz und im gegenseitigen Verständnis zu begegnen.

(...)

Wenn wir uns aber zu sehr bei dogmatischen Unterschieden aufhalten, die durch geschichtliche und kulturelle Bedingungen entstanden sind, werden wir uns in endlose scholastische Diskussionen verstricken. Ich persönlich halte es für viel wichtiger, mich meinen täglichen Aufgaben zu widmen und mich mit aller Kraft dafür einzusetzen, daß das Gute in der Welt zunimmt. Vielleicht kann man die vielen Religionen auch mit den unterschiedlichen Heilmethoden vergleichen, deren sich die Ärzte bedienen.

Ein guter Arzt weiß eben, was die beste Medizin für seine Patienten ist. Gemeinsames Ziel aller Therapien ist es doch, daß sie den Patienten heilen sollen. Manchmal habe ich die Religionen auch mit verschiedenen Speisen verglichen, die den unterschiedlichen Bedürfnissen und Neigungen der Menschen entsprechen. Trotz aller philosophischen Unterschiede ist es die wichtigste Aufgabe aller Glaubensrichtungen, einen Beitrag zu einer glücklicheren Menschheit und einer friedlichen Welt zu leisten.

(...)

Leider wird die Religion oft lediglich als ein Machtinstrument benutzt, mit dem man anderen seinen Willen aufzwingen will. Dann sind sicher keine religiösen, sondern ganz selbstsüchtige Beweggründe am Werk. Unglücklicherweise trugen und tragen die Religionen immer wieder dazu bei, daß die Trennungen und Feindschaften unter den Menschen noch zunahmen. Statt zu helfen, schafft die Religion dann noch zusätzliche Probleme. Besonders heute scheint es mir nicht so wichtig zu sein, in erster Linie die eigene Religion zu verbreiten. Der Dialog unter den Religionen ist wichtiger.

Mitgefühl und Weisheit, 50–52

Jede große Religion hat ähnliche Vorstellungen von Liebe, das gleiche Ziel: der Menschheit durch spirituelle Praxis zu nützen, und die gleiche Auswirkung: ihre Anhänger zu besseren Menschen zu machen. Alle Religionen lehren moralische Regeln für die Vervollkommnung von Denken, Tun und Reden. Alle ermahnen uns, nicht zu lügen oder zu stehlen oder einem anderen das Leben zu nehmen und so weiter. Alle moralischen Regeln, die von den großen Lehrern der Menschheit dargelegt wurden, haben ein gemeinsames Ziel: Selbstlosigkeit. Jene großen Lehrer wollten ihre Anhänger von den Wegen des Negativen abbringen, auf die sie durch Unwissenheit geraten waren, und ihnen die Pfade des Guten weisen. Alle Religionen können voneinander lernen; ihr höchstes Ziel ist, bessere Menschen hervorzubringen, die toleranter, mitfühlender und weniger egoistisch sind.

Der Mensch braucht spirituelle Nahrung ebenso wie materielle. Ohne spirituelle Nahrung ist es schwierig, Frieden im Gemüt zu finden und zu bewahren. Es ist nicht Sinn der Religion, darüber zu diskutieren, welche die beste sei. Im Laufe der Jahrhunderte hat jede große Lehre der Menschheit gedient, und so ist es besser, sich anzufreunden, einander zu verstehen und sich zu bemühen, der Menschheit zu dienen, anstatt zu kritisieren oder zu streiten. Buddha, Jesus Christus und alle anderen großen Lehrer gaben ihre Ideen und Lehren mit ernster Motivation, aus Liebe und Freundlichkeit zur Menschheit, und sie verkündeten sie zum Wohle des Menschen. Ich denke nicht, daß sie Unterschiede erschufen, um Schwierigkeiten herbeizuführen. Unser menschliches Denken liebt es, die Dinge aus verschiedenen Blickwinkeln zu betrachten. Es liegt ein Reichtum in der Tatsache, daß es so viele unterschiedliche Darstellungen des Weges gibt.

Zwei Wege führen zum Buddhismus: der Pfad des Glaubens und der Pfad des Verstandes. Glauben allein mag nicht genug sein. Buddha hob immer wieder das Gleichgewicht von Weisheit und Mitgefühl hervor, ein gutes Gehirn und ein gutes Herz sollten zusammenarbeiten. Den Intellekt einseitig zu betonen und das Herz dabei zu ignorieren, kann mehr Probleme und Leid für die Welt verursachen. Wenn wir dagegen nur das Herz gelten lassen und das Gehirn ignorieren, besteht nicht mehr viel Unterschied zwischen Menschen und Tieren. Beide Aspekte müssen im Gleichgewicht entfaltet werden. Ist dies gewahrt, führt es zu materiellem Fortschritt und zu einer guten spirituellen Entwicklung. Wenn Herz und Verstand in Harmonie arbeiten, wird die Menschheitsfamilie wirklich friedlich und freundlich.

Wege zu Gott ..., 20–21

Ich werde manchmal gefragt, ob denn der Buddhismus, eine alte Lehre aus dem Osten, für den Menschen des Westens geeignet ist. Meine Antwort lautet, daß das zentrale Thema aller Religionen die menschlichen Grundprobleme sind. Solange Menschen aus dem Westen wie aus dem Osten, Menschen mit weißer, schwarzer, gelber oder roter Hautfarbe die Leiden von Geburt, Krankheit, Alter und Tod ertragen müssen, sind sie insofern alle gleich. Solange es diese menschlichen Grundleiden gibt, stellt sich die Frage eigentlich nicht, ob irgendeine Lehre, die sich ihrem Kerngehalt nach mit diesem Leid auseinandersetzt, passend sei oder nicht.

Es bleibt allerdings die Frage nach der geistigen Verfassung der einzelnen Menschen. Für manche Menschen ist die eine Religion vorteilhafter, für andere eine andere. Wie die Dinge liegen, ist die Vielfalt der Lehren, die es innerhalb der menschlichen Gesellschaft gibt, nützlich und notwendig, und im Westen gibt es zweifellos Menschen, deren Bedürfnissen der Buddhismus am meisten entgegenkommt. Wenn wir vom Kerngehalt sprechen, stellt sich die Frage nach der Eignung nicht, und es besteht keine Notwendigkeit, die Grundlehren zu ändern. Auf der oberflächlichen Ebene ist allerdings eine Veränderung möglich. Ein birmanischer Mönch in der Theravada-Tradition, dem ich vor kurzem in Europa begegnete und vor dem ich eine große Hochachtung empfand, unterscheidet zwischen dem kulturellen Erbe und der Religion selbst. Dies nenne ich eine Unterscheidung zwischen dem Kerngehalt einer Religion und der oberflächlichen zeremoniellen und rituellen

Ebene. In Indien, Tibet, China, Japan oder wo auch immer ist der religiöse Aspekt des Buddhismus derselbe, während das kulturelle Erbe in jedem Land anders ist. So hat der Buddhismus in Indien die indische Kultur aufgenommen, in Tibet die tibetische usw. Aus dieser Sicht sollte auch die Eingliederung westlicher Kultur in den Buddhismus möglich sein.

Die Essenz der buddhistischen Lehren ändert sich nicht; sie ist überall am Platz, wo sie sich ausbreitet; die oberflächlichen Aspekte – gewisse Rituale und Zeremonien – sind jedoch nicht unbedingt für eine neue Umgebung geeignet; diese Dinge werden sich ändern. Wie sie sich an einem bestimmten Ort ändern werden, kann man nicht sagen. Dies entwickelt sich im Laufe der Zeit. Als der Buddhismus von Indien nach Tibet kam, hatte niemand die Autorität zu sagen: „Jetzt ist der Buddhismus in ein neues Land gekommen; von jetzt an müssen wir ihn in dieser oder jener Weise praktizieren." Es gab keinen solchen Beschluß. Es gab nur eine allmähliche Entwicklung, und mit der Zeit entstand eine eigene Tradition. Dies könnte auch im Westen der Fall sein; es könnte im Laufe der Zeit ein Buddhismus westlicher Prägung entstehen.

Eine Politik der Güte, 92–93

Von buddhistischer Meditation kann jeder lernen

Ich glaube ..., daß die Menschheit von unserer alten und sehr hoch entwickelten Meditationsweise etwas lernen kann. Unsere Meditation läßt sich mit jedem Glauben vereinen. Wie ich es den Menschen überall auf der Erde immer wieder sagen möchte, beginnt der Weltfriede in einem friedvollen Herzen. Es geht um nichts anderes, als um Liebe und Mitgefühl im eigenen Herzen wachsen zu lassen und die innere Unruhe, von der wir geplagt werden, zu überwinden.

Die moderne Technik hat vielen Menschen ein angenehmes Leben, aber damit auch neue Probleme gebracht. Denken Sie an die Zerstörung der Umwelt, die ständig wachsenden Städte mit ihrem Lärm, ihrer Hektik und ihrer Wohnungsnot. Vor allem fehlt dort oft der geistige Friede. Ständig entstehen Extreme, und besonders im *Mahāyāna-Buddhismus* geht es darum, einen mittleren Weg zu finden und Gegensätze auszugleichen. Wenn der innere Friede fehlt, wird man auch im größten Wohlstand nicht zufrieden sein. Gerade im täglichen Lebenskampf ist es wichtig, innere Ruhe und eine Klarheit zu entwickeln. Mit einer solchen Haltung lassen sich alle Widerwärtigkeiten besser lösen, als wenn wir uns von Gefühlen wie Haß, Egoismus, Eifersucht und Wut überwältigen lassen. In solchen Momenten sind wir wie blind und lassen uns zu unüberlegten Taten hinreißen.

Mitgefühl und Weisheit, 66

Zurechtfinden in der spirituellen Vielfalt

Wenn jemand seine alte Religion aufgibt, dann sollte es weder aus schwärmerischer Begeisterung für das Fremde noch im Konflikt mit der eigenen Kultur geschehen. Man sollte die religiöse Gemeinschaft, der man entstammt, weiterhin achten und sich nicht bewußt von ihr absondern. Jede Religion dient der Menschheit auf ihre Weise. Es geht mir auch nicht darum, andere zum Buddhismus zu bekehren oder meine Religion unbedingt zu verbreiten. Für mich ist allein entscheidend, was ich als buddhistischer Humanist für das Glück der Menschen tun kann.

Aber es stimmt, daß in den letzten Jahrzehnten besonders in Europa und Nordamerika das Interesse am Buddhismus ständig zugenommen hat. Es gibt heute in der Welt über fünfhundert tibetisch-buddhistische Zentren. Das freut mich natürlich sehr. Um viele Menschen mit dem Buddhismus bekannt zu machen, habe ich in Ländern, in denen man über diese Religion noch recht wenig weiß, verschiedene religiöse Zeremonien gefeiert.

Dadurch wollte ich auch meinen religiösen Beitrag zum Weltfrieden leisten.

Jedoch wiederhole ich: Einen Übertritt zum Buddhismus sollte man sich gründlich überlegen. Ein spontaner Wechsel der Religion erweist sich fast immer als schwierig und kann auch zu schweren seelischen Störungen führen. Wer sich zum Buddhismus bekehrt, der sollte sich bescheiden und nicht mit religiösem Übereifer des Konvertiten alles von Grund auf anders machen wollen. So will es eine alte tibetische Weisheit, die uns rät: „Ändere dein Bewußtsein, aber lasse dein Äußeres, so wie es ist."

Mitgefühl und Weisheit, 80

Seine Religion wechselt man nicht wie ein abgetragenes Hemd

Wie soll sich der Suchende auf [dem spirituellen] „Supermarkt" heute noch zurechtfinden? Wohin soll das nur führen, wenn man ständig seinen religiösen Weg wechselt? Hat man sich erst einmal für einen Weg entschieden, sollte man auch daran festhalten. So wäre es wenig sinnvoll, einige Monate ganz intensiv zu meditieren, dann wieder völlig damit aufzuhören, um irgendwann wieder von neuem zu beginnen. Nur wenn man religiöse Praktiken wie die Meditation oder das Gebet täglich übt, haben sie eine Wirkung. Dann erst wird man innerlich reifen. Die Menschen in den reichen Ländern sind viel zu ungeduldig geworden. Im Zeitalter der Maschinen und Automaten scheint alles auf Knopfdruck zu funktionieren – auch die religiöse Erleuchtung. Auch wenn das viele glauben mögen, so irren sie sich. Zu einem „erleuchteten Wesen" wird man auf diese Weise bestimmt nicht.

Nehmen wir ein Beispiel aus dem Alltag und versetzen uns in die Lage eines Menschen, der ein Restaurant besucht und alle verlockenden Gerichte auf der Speisekarte bestellt. Er wird von jedem ein wenig kosten, aber keine einzige Speise zu Ende essen. Dabei wird er sich bestimmt nur den Magen verderben, statt sich am Mahl zu stärken. Ganz ähnlich ist es, wenn man heute diese, morgen jene Meditationsübung versucht, nur um herumzuexperimentieren. Dann würde man sich bestimmt mehr schaden als nützen.

Mitgefühl und Weisheit, 80–81

Religion in der säkularisierten Welt

Ich kann mir vorstellen, daß es vielen Menschen schwerfällt, in einer modernen säkularisierten Welt den Kern des religiösen Anliegens noch zu verstehen. Von außen her betrachtet, ohne innere Anteilnahme, mag einem die Religion altmodisch und nicht mehr zeitgemäß vorkommen. Es stimmt ja auch, daß sich die Lebensgewohnheiten der Gesellschaft im Verlauf der Zeit geändert und wir andere Lebensgewohnheiten angenommen haben. Die alten Religionen scheinen deshalb in mancher Hinsicht überholt zu sein. Da ist es nicht verwunderlich, daß manche meinen, die Religion habe dem modernen Menschen von heute nichts mehr zu bieten.

Auf der anderen Seite ist es doch so, daß wir uns in den menschlichen Grundfragen auch heute kaum von den Erdenbewohnern unterscheiden, die vor Tausenden von Jahren gelebt haben. So gesehen, verändern sich Konventionen und Bräuche kaum, finden politische und kulturelle Umwälzungen nur an der Oberfläche statt. Aus meiner Sicht hat sich der Mensch nur äußerlich verändert. Daher haben auch die alten Religionen noch immer eine wichtige Aufgabe.

Mitgefühl und Weisheit, 66–67

Das Geschenk der Hoffnung

Ich glaube, wenn man ernsthaft Tag für Tag wirklich der Lehre seiner Religion nachgeht, daß sich die gesamte Lebenseinstellung allmählich zu verändern beginnt. Besonders in Not- und Krisenzeiten vermag die Religion, wie schlimm die Umstände auch sein mögen, den Menschen Vertrauen und Zuversicht zu schenken. Sie zeigt, daß es trotz aller leidvollen Erfahrungen einen unzerstörbaren letzten Sinn gibt. Denn die Religion schenkt der Menschheit in geheimnisvoller Weise eine Hoffnung, die stärker ist als alle Widerstände, als alle Bedrängnis.

Mitgefühl und Weisheit, 53

KAPITEL 6

VON DER FRIEDVOLLEN VORBEREITUNG AUF DEN TOD

Der Tod gehört zum Leben

Nun möchte ich zu Ihnen über den Tod sprechen. Er gehört zu unserem Leben und tritt ein, ob wir wollen oder nicht. Anstatt den Gedanken an den Tod aus unserem Denken zu verbannen, wäre es besser, seinen Sinn zu verstehen. In den Fernsehnachrichten werden wir häufig mit Mord und Tod konfrontiert, doch viele Leute scheinen zu glauben, daß er nur die anderen trifft, nicht einen selbst! Dies stimmt nicht. Wir haben alle den gleichen Körper, das gleiche Fleisch und werden deshalb alle sterben. Es ist natürlich ein großer Unterschied zwischen einem natürlichen Tod und einem Tod durch einen Unglücksfall, doch früher oder später wird er unvermeidlich eintreten. Wenn Sie von Anfang an die Einstellung haben, „Ja, der Tod gehört zu unserem Leben", werden Sie ihn wahrscheinlich leichter akzeptieren.

Es ist viel hilfreicher, den Tod nicht zu verdrängen, sondern dieser Tatsache ins Gesicht zu blicken, sich ihrer bewußt zu sein.

Mit dem Herzen denken, 30–31

Sich mit dem Tod vertraut machen

Die Gewißheit des Todes ist nicht schwierig einzusehen. Die Welt ist sehr alt, aber wir können kein Lebewesen aufzeigen, das unsterblich wäre. Es liegt in der Natur unseres Körpers, daß er verletzlich und unbeständig ist. Schön oder häßlich, dick oder dünn – wir alle schreiten unaufhörlich dem Tode entgegen, und nichts vermag ihn abzuwenden. Weder körperliche Kraft, Schmeichelei, Bestechung noch alle anderen Dinge dieser Welt können den Tod fernhalten.

Erfahren wir, daß uns eine tödliche Krankheit befallen hat, rennen wir sogleich ganz kopflos von einem Arzt zum nächsten; und wenn diese uns nicht helfen können, gelangen wir zu den Lamas und erbitten von ihnen eine hilfreiche Voraussage. Schließlich sind wir dabei, unsere letzte Mahlzeit einzunehmen, zum letzten Mal unsere Kleidung zu tragen und uns auf unserem Sitzplatz niederzulassen. Dann fällt unser Körper wie ein gefällter Baumstamm zu Boden.

Die Meditation des Todes läßt uns in gewisser Weise unruhig werden; sie verschafft uns ein Unbehagen, als ob uns etwas Bedrohliches beobachten würde. Dieses Gefühl ist sehr real und hilfreich; denn der unausweichliche Tod lauert uns tatsächlich auf.

Wir kennen den Zeitpunkt nicht, an dem der Tod uns niederstrecken wird. Wir wissen nicht, was zuerst kommen wird – der morgige Tag oder das nächste Leben. Niemand von uns kann garantieren, daß er heute nacht noch leben wird. Schon der allerkleinste Umstand kann bewirken, daß wir diese Welt plötzlich verlassen müssen; selbst lebensfördernde Faktoren wie

Nahrung und Medizin können als Gift wirken und unserem Leben ein Ende bereiten.

Wenn wir sterben, verlieren wir unseren Körper mit allen physischen Kräften, Besitz, Macht, Ruhm und Freunde – sie alle können uns nicht mehr begleiten. Nehmen Sie mich zum Beispiel. Viele Tibeter setzen großes Vertrauen in mich und würden alles tun, um das ich sie bitte; aber wenn ich sterbe, muß ich alleine sterben und keiner von ihnen könnte mich mehr begleiten. Alles, was man mit sich nehmen kann, sind das spirituelle Wissen und die karmischen Eindrücke im eigenen Geist, das heißt die Anlagen und Potentiale, die man durch seine Handlungen im Leben angesammelt hat.

Hat man sich während seines Lebens auf spirituellen Pfaden geschult und die Meditationstechniken als Vorbereitung auf den Tod erlernt, dann wird man auch Zuversicht bewahren und kann wirkungsvoll und furchtlos mit den Erfahrungen umgehen, die während des Todes auftreten. Indem wir uns während unseres Lebens schulen und eine Bewußtheit des Sterbeprozesses entwickeln, werden wir dann, wenn der Atem schließlich stillsteht und die Elemente unseres Körpers sich schrittweise auflösen, fähig sein, mit den einzelnen Stufen des Todesablaufes umzugehen und das Klare Licht des Todes bei seinem Auftreten zu erkennen.

Das Schwinden dieses Bewußtseinszustandes des Klaren Lichts stellt exakt die Schwelle zum Tod dar. Es heißt: Bevor das Bewußtsein des Klaren Lichts auftritt, fällt man in eine tiefe Bewußtlosigkeit, und wenn eine Durchschnittsperson verwirrt aus diesem Zustand erwacht, wird sie die Erscheinung des Klaren Lichts nicht erkennen können. Jemand hingegen, der in höheren Meditationspraktiken geübt ist, erkennt die einzelnen Stufen des Sterbeprozesses und entwickelt eine besondere Achtsamkeit, bevor er in die Bewußtlosigkeit eintritt. So transformiert er die Wirkungen dieses sehr subtilen Zustandes, und wenn er daraus erwacht, wird es ihm möglich sein, das Klare Licht des Todes zu identifizieren. Und selbst nach dem Vergehen des Klaren Lichts, wenn man den Körper verläßt und in den Bardo (Zwischenzustand) überwechselt, wird man den Bardo als solchen erkennen und die auftretenden Halluzinationen und Visionen mit Gleichmut und Einsicht aufnehmen können. Ein Durchschnittsmensch gerät an diesem Punkt unter den Einfluß von Ärger, Anhaftung, Unwissenheit und anderen Leidenschaften und durchläuft eine entsprechend ungünstigere Entwicklung. Der spirituell Geschulte hingegen verweilt in Weisheit und Gelassenheit. Er „verwandelt" das Bewußtsein des Klaren Lichts des Todes in den vollkommenen Weisheitskörper (Dharmakaya) und die Erfahrung des Bar-do in den vollendeten Körper des Vollkommenen Erfreuens (Sambhogakaya). Um sein Streben, den anderen Wesen zu helfen, in die Tat umzusetzen, kann er dann nach eigenem Wunsch an jedem beliebigen Ort im gesamten Universum Geburt annehmen.

Wer nicht in der Lage ist, beim Tod diese yogischen Übungen durchzuführen, sollte zumindest versuchen, während des Sterbeprozesses eine klare Bewußtheit aufzubringen und Gedanken der liebevollen Zuneigung, des Mitgefühls und des Erleuchtungsgeistes aufrechtzuerhalten. Ebenfalls von großem Vorteil ist es, sich seines Meisters und der Drei Zufluchtsjuwelen zu erinnern und sie um ihre Führung zu bitten. Dies wird einem helfen, mit einer Geistesverfassung in den Zwischenzustand einzutreten, die einer weiteren, der spirituellen Entwicklung förderlichen Geburt in den höheren Daseinsbereichen dienlich ist.

Tod und Unsterblichkeit im Buddhismus, 84–89

Verdrängen ist keine Alternative

Menschen, die nicht im mindesten an irgend etwas nach dem Tode glauben, wären gut beraten, wenn sie den Tod einfach als einen Teil des Lebens ansähen. Früher oder später muß sich ihm jeder von uns stellen. Zumindest wird uns das helfen, den Tod für etwas Normales zu halten. Selbst wenn wir vorsätzlich vermeiden, über den Tod nachzudenken, können wir ihm nicht entrinnen. Konfrontiert mit einem solchen Problem, haben Sie zwei Alternativen. Die eine besteht darin, einfach nicht daran zu denken; es aus Ihrem Geist zu verdrängen. Zumindest wird Ihr Geist ruhig bleiben. Aber dies ist keine verläßliche Alternative, weil das Problem fortbesteht. Früher oder später werden Sie sich ihm stellen müssen. Die andere Alternative besteht darin, sich mit dem Problem auseinanderzusetzen, eindringlich darüber nachzudenken. Ich kenne Soldaten, die sagen, daß ihre Angst größer ist, bevor sie kämpfen, als zu dem Zeitpunkt, wo sie tatsächlich in die Schlacht ziehen. Denken Sie über den Tod nach, dann wird Ihr Geist mit der Vorstellung vertraut werden. Wenn er tatsächlich unmittelbar bevorsteht, wird dies weniger schockierend sein, und Sie werden weniger bestürzt sein. Daher meine ich, daß es zweckmäßig ist, über den Tod nachzudenken und zu reden.

Die Freude friedvoll ..., 60

Den letzten Schritt geht jeder alleine

Selbst in der allerbesten Lebenslage gibt es keine Garantie, daß wir nicht morgen sterben werden. Wir glauben vielleicht, daß eine bestimmte Person noch lange nicht sterben wird, weil sie sich bester Gesundheit erfreut. Wir denken vielleicht, daß jemand bald sterben wird, weil er schwach und krank ist. Aber das sind bloße Vermutungen. Es gibt so viele Ursachen und Bedingungen für das Sterben, daß wir nicht sicher wissen, wann der Tod eintreten wird. Man denkt vielleicht, daß man ja, sollte sich ein Erdbeben ereignen, ein sehr stabiles Haus hat. Man denkt vielleicht, daß man ja, sollte ein Feuer ausbrechen, flinke Beine hat und davonlaufen kann. Und doch haben wir keinerlei Garantie dafür, daß wir uns gegen jede Möglichkeit schützen können. Daher sollten wir alle erdenklichen Vorkehrungen treffen und uns darauf vorbereiten, mit dieser unbekannten Situation fertigzuwerden. Wir können sicher sein, daß unser Tod kommen wird; wir sind uns nur nicht sicher, wann.

Zum Zeitpunkt des Todes schließlich kann uns nichts helfen außer unserer Dharmapraxis. Wenn wir sterben, müssen wir ganz alleine fortgehen und alles zurücklassen. Wir haben vielleicht viele wundervolle Freunde und Angehörige, aber zu diesem Zeitpunkt kann uns keiner von ihnen helfen. Wer immer uns am nächsten steht – er ist absolut hilflos. Vielleicht sind wir reich, aber Reichtum hilft uns nichts zum Zeitpunkt des Todes, denn wir können keinen einzigen Pfennig mitnehmen. Es ist weitaus wahrscheinlicher, daß er Verdruß bewirkt. Unser bester Freund kann uns nicht in unser nächstes Leben begleiten. Selbst ein spiritueller Meister kann seine oder ihre eifrigsten Schüler nicht in die nächste Welt bringen. Jeder von uns muß alleine gehen, vorwärtsgetrieben von der Kraft seines Karma.

Ich denke oft über meine eigene Situation als Dalai Lama nach. Ich bin sicher, daß es Menschen gibt, die bereit sind, ihr Leben für mich zu opfern. Aber wenn mein Tod kommt, muß ich alleine damit fertigwerden. Sie können mir überhaupt nicht helfen. Selbst mein Körper muß zurückbleiben. Und unter dem Einfluß meiner eigenen Handlungen werde ich mich zum nächsten Leben begeben. Was wird uns also helfen? Nur die Prägungen positiver Handlungen, die auf unserem Geist zurückgeblieben sind.

(...)

Der Sterbeprozeß vollzieht sich als allmähliche Auflösung unserer inneren Elemente. Haben wir unseren Geist mit diesem Prozeß vertraut gemacht, dann werden wir, wenn er tatsächlich stattfindet, also zum Zeitpunkt des Todes, mit ihm zurechtkommen können. Haben wir uns mit der Meditation über Liebe und Mitgefühl und dem Eintauschen unseres Glücks gegen das Leid anderer empfindender Wesen vertraut gemacht, dann werden uns diese Übungen gleichermaßen helfen. Falls wir uns wahrhaft im Dharma geübt haben, werden wir dem Tod bereitwillig gegenübertreten.

Glaubt man allerdings, daß wir nur dieses gegenwärtige Leben haben, dann geht im Tode alles zu Ende. Akzeptiert man aber die Möglichkeit künftiger Leben, dann ist der Tod bloß so, als wechselte man die Kleidung. Das Kontinuum des Geistes dauert fort. Da wir jedoch keine Ahnung haben, was die Zukunft birgt, ist es notwendig, daß wir uns jetzt den Übungen widmen, die uns dann helfen werden. Auch in dieser Welt brauchen wir in schweren Zeiten Freunde und Beistand. Wenn wir dem Unbekannten allein gegenübertreten müssen, werden wir nur eines haben, das uns beisteht – das, worin wir uns zuvor geübt haben.

Den Geist erwecken ..., 117–120

Weshalb es wichtig ist, über den Tod zu meditieren

Die Beschäftigung mit spirituellen Übungen soll nicht bloß in diesem Leben von Nutzen sein, sondern in den Leben nach dem Tode Frieden und Glück bescheren. Behindert wird unsere Praxis durch unsere Neigung zu meinen, wir würden lange Zeit leben. Wir sind wie jemand, der beschlossen hat, sich an einem bestimmten Ort niederzulassen. Solch ein Mensch verwickelt sich naturgemäß in weltliche Dinge. Er häuft Besitz an, errichtet Gebäude, pflanzt Feldfrüchte an und so fort. Ein Mensch hingegen, der mehr um sein Leben nach dem Tode besorgt ist, ist wie jemand, der reisen möchte. Ein Reisender trifft Vorbereitungen, um für alle Eventualitäten gerüstet zu sein und das Reiseziel glücklich zu erreichen. Das Meditieren über den Tod hat zur Folge, daß der Übende von den Angelegenheiten dieses Lebens – Ruf und Ruhm, Besitztümer, sozialer Status – weniger besessen ist. Jemand, der über den Tod meditiert, arbeitet zwar auch, um den Erfordernissen dieses Lebens gerecht zu werden. Zugleich aber findet er Zeit, die Energie zu entwickeln, die in zukünftigen Leben Frieden und Freude bewirken kann.

Es ist hilfreich zu erfahren, welche Vorteile die Meditation über den Tod mit sich bringt und welche Nachteile es bringt, wenn man diese Meditation ignoriert. Erstens inspiriert Sie die Meditation über Vergänglichkeit und Tod zur Beschäftigung mit spirituellen Übungen. Sie öffnet Ihnen die Augen. Wenn Sie sich bewußt werden, daß Sie früher oder später diese Welt verlassen müssen, dann werden Sie sich unweigerlich um die Angelegenheiten des nächsten Lebens kümmern. Diese Bewußtheit hilft Ihnen automatisch, sich spirituellen Betätigungen zuzuwenden. Zweitens ist die Meditation über den Tod ein wirkungsvolles Verfahren, das Ihnen hilft, Ihre spirituelle Praxis auszudehnen und fortzusetzen. Bei jedem substantiellen Bemühen, sei es spirituell oder weltlich, treten zwangsläufig Schwierigkeiten und Probleme auf. Die Kraft der Todesmeditation hilft Ihnen, alle Härten zu überstehen, denen Sie womöglich begegnen. Und schließlich wirkt diese Meditation als Ansporn: Sie hilft Ihnen, Ihre Praxis erfolgreich zu Ende zu bringen. Daher ist Todesbewußtheit in jeder Phase Ihres spirituellen Lebens unentbehrlich. Als Dharma-Schüler oder Dharma-Schülerin werden Sie sich mehr um die Angelegenheit des Lebens nach dem Tode kümmern. Und indem Sie in Täuschung befangene Gedanken und Handlungen beseitigen, werden Sie dieses Leben mit Sinn erfüllen können.

Sich nicht auf den Tod zu besinnen ist mit vielen Nachteilen verbunden. Wenn Sie den Tod aus Ihren Gedanken verbannen, werden Sie kaum eine Neigung zu spiritueller Praxis entwickeln. Ohne Todesbewußtheit wird Ihre Praxis lasch und wirkungslos bleiben. Sie werden überwiegend mit den Angelegenheiten dieses Lebens beschäftigt sein. Es gibt Menschen, die Gelübde entgegennehmen und täglich ihre Gebete aufsagen. Aber weil ihre Todesbewußtheit schwach ist, verhalten sie sich in Krisenzeiten wie gewöhnliche Menschen und werden dann übermäßig wütend, anhaftend oder eifersüchtig. Es gibt im Tibetischen einen Ausspruch: „Wenn du schön satt bist und den Sonnenschein genießt, siehst du aus wie jemand, der den Dharma praktiziert. Aber wenn du in eine Krise gerätst, zeigst du deine wahre Natur." Die Alltagserfahrung lehrt uns, daß dies auf die meisten von uns zutrifft.

Ohne Todesbewußtheit liegen Ihnen die Angelegenheiten dieses Lebens zutiefst am Herzen. Und weil Sie von Reichtum, Status und gutem Ruf besessen sind, schrecken Sie kaum davor zurück, negative Handlungen zu begehen. Ein Mensch, den der Tod nicht kümmert, interessiert sich naturgemäß nicht für die Leben, die jenseits davon liegen. Solch ein Mensch hat keine große Achtung vor spirituellen Werten, sein Denken und Handeln unterliegt leicht Täuschungen. Infolgedessen ist solch ein Mensch eine Quelle des Leids für sich und andere.

Wenn Sie vergessen, daß Sie sterben werden, werden Sie hauptsächlich darüber nachdenken, wie Sie ein Leben im Wohlstand führen können. Ihr wichtigstes Anliegen wird sein, einen guten Platz zum Wohnen, gute Kleidung zum Anziehen und gute Nahrung zum Essen zu bekommen. Sie werden nicht zögern, andere zu täuschen und zu bedrohen, wenn sich Ihnen die Gelegenheit dazu bietet. Und was noch wichtiger ist: Sie könnten solche negativen Tätigkeiten als die charakteristischen Merkmale eines tüchtigen und fähigen Menschen betrachten. Dies ist ein deutliches Zeichen dafür, daß Sie nicht weitblickend genug sind, um über die nach dieser Daseinsfrist beginnende lange Zukunft nachzudenken. Wir alle haben viele künftige Leben, die uns völlig verbogen sind und von denen wir uns keinerlei Vorstellung machen können. Wenn Sie diese Umstände vergessen, werden Sie zu zerstörerischem Handeln neigen.

Die Freude friedvoll ..., 61–64

Das Wesentliche erkennen

Wenn wir den Tod und die Unbeständigkeit des Lebens betrachten, beginnt sich unser Geist automatisch für spirituelle Ziele zu interessieren, so wie ein gewöhnlicher Mensch nachdenklich wird, wenn er den Leichnam eines Freundes erblickt. Die Meditation über Vergänglichkeit und Tod ist sehr nützlich, weil es die Aufmerksamkeit von flüchtigen und sinnlosen Tätigkeiten abzieht.

Versuchen Sie, eine tiefe Überzeugung zu entwickeln, daß der gegenwärtige menschliche Körper ein großes Potential hat, daß man bei seinem Gebrauch niemals auch nur eine einzige Minute vergeuden soll. Nicht das Wesentliche aus diesem kostbaren menschlichen Dasein herauszuziehen, sondern es nur zu vergeuden, ist beinahe so, wie wenn man im vollen Bewußtsein der Folgen Gift nähme. Es ist ein großer Fehler, daß die Menschen tieftraurig sind, wenn sie etwas Geld verlieren, während sie nicht die geringste Reue empfinden, wenn sie die kostbaren Augenblicke ihres Lebens vergeuden.

Eine Politik der Güte, 105

Bei jemandem, der ein negatives Leben geführt hat, treten gewöhnlich keine positiven Gedanken zur Zeit des Todes und keine kontrollierbaren Erfahrungen während des Zwischenzustandes auf. Deshalb sollten wir von nun an bewußt den Tod bedenken und uns mit den Übungen zur Entwicklung spiritueller Qualitäten befassen, welche uns nicht nur in diesem Leben von Nutzen sein werden, sondern uns auch dazu befähigen, dem Tod und dem Zwischenzustand hinreichend gewappnet entgegenzutreten.

Daher denken wir in der „Drei Wurzel"-Todesmeditation auf folgende Weise:

1. Der Tod ist unausweichlich, und deshalb will ich Dharma ausüben.
2. Der Zeitpunkt des Todes ist ungewiß, und deshalb will ich den Dharma umgehend anwenden.
3. Da einzig die Weisheit des Dharma zur Zeit des Todes von Wert ist, will ich den Dharma in aller Reinheit ausüben.

Nun, da wir als Menschen auf spirituelle Lehren und einen Meister getroffen sind, sollten wir uns nicht wie ein Bettler verhalten, der die Jahre in dumpfer Untätigkeit vergehen läßt und dem Tod mit leeren Händen entgegentritt. Ich, ein einfacher Mönch in der Tradition des Buddha Sakyamuni, möchte Sie in aller Demut dazu auffordern, sich in Ihrer spirituellen Übung zu bemühen. Erforschen Sie die Natur Ihres Geistes und entfalten Sie ihn. Bedenken Sie Ihr Wohlergehen in diesem und in zukünftigen Leben und vervollkommnen Sie die Methoden, die jetzt und später Glück hervorbringen werden. Unser Leben ist unbeständig, und ebenso unbeständig sind die heiligen Lehren. Wir sollten also unsere Übung sorgsam kultivieren.

Tod und Unsterblichkeit im Buddhismus, 90–91

Wie ich mich vorbereite

Wenn der Gedanke an den Tod Ihnen vertraut wird, wenn Sie eine gewisse Kenntnis des Sterbevorgangs erworben haben und seine äußerlichen und inneren Anzeichen erkennen können, sind Sie auf ihn vorbereitet. Was mich selber angeht, bin ich noch nicht sicher, ob ich im Augenblick des Todes all die Übungen auch wirklich anwende, mit denen ich mich vorbereitet habe. Niemand kann mir das garantieren! Trotzdem empfinde ich manchmal, wenn ich an den Tod denke, fast so etwas wie Aufregung. Statt Angst befällt mich eher ein Gefühl der Neugier, und dies macht mir den Gedanken an den Tod wesentlich leichter. Ich bin neugierig, inwieweit es mir gelingen wird, meine Übungen anzuwenden. Sollte ich heute sterben, wäre mein großer Kummer natürlich die Frage, was aus Tibet, aus der tibetischen Kultur, aus den Rechten der sechs Millionen Tibeter werden wird. Dies ist meine Hauptsorge. Ansonsten habe ich sehr wenig Angst vor dem Tod. Wer weiß, vielleicht habe ich eine Art von blindem Vertrauen! In meiner täglichen Gebetspraxis visualisiere ich acht verschiedene Gottheiten und acht verschiedene Tode. Vielleicht versagen alle meine Vorbereitungen, wenn es so weit ist! Ich hoffe nicht!

Wie dem auch sei, in der Auseinandersetzung mit dem Tod scheint mir dieser Weg hilfreich. Auch wenn es kein nächstes Leben gibt, ist er doch insofern nützlich, als er die Angst mindert. Und mit weniger Angst ist man besser vorbereitet. Wenn man unvorbereitet in eine Schlacht geht, ist die Aussicht groß, sie zu verlieren. Mit der entsprechenden Vorbereitung erleichtert man sich die Verteidigung. Wenn Sie sich gut vorbereitet haben, werden Sie also in einem Zustand des inneren Friedens sterben können. Dieser innere Frieden ist die Voraussetzung zum Erzeugen der richtigen Motivation, die eine gute Wiedergeburt garantiert, ein besseres nächstes Leben.

Mit dem Herzen denken, 40–42

Zum Zeitpunkt des Todes

Zum Zeitpunkt des Todes ist eine friedvolle geistige Verfassung das Wichtigste, einerlei ob man an etwas glaubt oder nicht. Auf keinen Fall dürfen zu dieser Zeit Haß, Ärger und ähnliche negative Emotionen entstehen. Auch wenn man an nichts glaubt, wird einem einleuchten, daß es besser ist, in Frieden zu sterben. Es ist viel freudiger! Jene, die an den Himmel oder ein ähnliches Konzept glauben, sollten im Gedanken an ihren Gott oder höhere Mächte friedlich Abschied nehmen. Für Buddhisten und andere altindische Traditionen, die die Theorie der Wiedergeburt oder das Karma anerkennen, ist im Augenblick des Todes ein heilsamer Geisteszustand natürlich sehr förderlich.

Mit dem Herzen denken, 43

In geistiger Gelassenheit sterben

Wenn man den Tod im Bewußtsein hat, wird er nicht überraschend eintreten – man wird nicht ängstlich sein. Man wird das Gefühl haben, daß der Tod eigentlich nicht anders ist, als wenn man seine Kleider wechselt. Deshalb wird man dann in der Lage sein, die geistige Gelassenheit zu wahren.

Eine Politik der Güte, 106

KAPITEL 7

VON DER KUNST, EIN ACHTSAMES LEBEN ZU FÜHREN

Wie man täglich üben sollte

Am frühen Morgen wie am späten Abend kann man mindestens eine halbe Stunde mit Übungen zubringen – Meditation, Rezitation, täglichen Yoga oder ähnliches. Bei der Tagesarbeit sollte man dann die Motivation im Gedächtnis haben.

Jeden Morgen sollte man, bevor man die Arbeit aufnimmt, immer neu den Entschluß fassen, die Tagesarbeit im Einklang mit der Lehre und zum größtmöglichen Nutzen anderer Wesen zu verbringen. Abends, bevor man zu Bett geht, überprüft man, was man während des Tages getan hat, ob man wirklich im Einklang mit dem ursprünglichen Entschluß gehandelt hat. Dies ist die Art, wie man täglich üben soll.

Eine Politik der Güte, 100

Die Freude, ein einfaches Leben zu führen

Ich glaube, daß Befriedigung zwangsläufig eintritt, wenn das Leben eines Menschen einfach ist. Einfachheit ist für das Glück außerordentlich wichtig. Wenige Bedürfnisse zu haben, mit demjenigen, was man hat, zufrieden zu sein, ist außerordentlich wichtig. Es gibt vier Ursachen, die dazu beitragen, ein besseres Wesen zu werden: Zufriedenheit mit jeglicher Speise, die man bekommt. Zufriedenheit mit Lumpen als Kleidung oder sich zufrieden geben mit irgend etwas, womit man sich bedecken kann – kein Verlangen nach schicken oder bunten Kleidern. Zufriedenheit mit einem Obdach, das nicht mehr als Schutz vor den Elementen bietet. Und schließlich eine intensive Freude daran, falsche Geisteshaltungen aufzugeben und in der Meditation hilfreiche Haltungen zu pflegen.

Eine Politik der Güte, 47

Ohne liebende Güte gibt es kein Leben

Vom Augenblick unserer Geburt an bedürfen wir der Pflege und Güte unserer Eltern, und wenn uns später in unserem Leben Krankheit und Alter befallen, sind wir wiederum auf die Güte anderer angewiesen. Wenn wir zu Beginn und am Ende unseres Lebens so sehr von der Güte anderer abhängen, wie ist es dann möglich, daß wir in der Mitte die Güte gegenüber anderen vernachlässigen?

Eine Politik der Güte, 101

Um echtes Mitgefühl zu entwickeln, muß man in der buddhistischen Praxis zuerst die Meditation über die Gleichheit üben und sich vom Haften an jenen, die uns nahestehen, lösen. Dann müssen Sie die negativen Gefühle für Ihre Gegner aufgeben. Alle Lebewesen müssen als gleich betrachtet werden. Von dieser Basis aus können Sie dann allmählich echtes Mitgefühl für alle entwickeln. Wobei betont werden muß, daß es sich nicht darum handelt, mitleidig auf andere herunterzuschauen. Im Gegenteil, echtes Mitgefühl sieht die anderen als wichtiger an als sich selbst.

Um Mitgefühl entwickeln zu können, muß man, wie ich eben sagte, zuerst über Unparteilichkeit meditieren, ohne die unsere Gefühle für andere von Voreingenommenheit getrübt sind. Ich werde Ihnen deshalb im folgenden kurz eine meditative Übung über das Entwickeln von Unparteilichkeit beschreiben: Stellen Sie sich zunächst eine kleine Gruppe von Menschen vor, die Ihnen lieb sind und an denen Sie hängen. Dann stellen Sie sich Menschen vor, die sie gefühlsmäßig völlig indifferent lassen. Und schließlich stellen Sie sich jene Menschen vor, die Sie verabscheuen. Wenn Sie diese drei verschiedenen Gruppen vor Augen haben, lassen Sie Ihren Geist seinen natürlichen Zustand einnehmen und beobachten Sie, wie er normalerweise auf eine Begegnung mit den jeweiligen Personen reagiert. Sie werden feststellen, daß Sie auf diejenigen, die Sie als Ihre Freunde betrachten, mit Anhaften reagieren; auf jene, die Ihnen als Feinde erscheinen, mit Abneigung; und auf jene, die Ihnen neutral erscheinen, mit Gleichgültigkeit. Vergleichen Sie nun die gegensätzliche Einstellung gegenüber Ihren Freunden und Ihren Feinden. Fragen Sie sich, weshalb Sie derart voneinander abweichende Geisteszustände angesichts dieser zwei verschiedenen Gruppen von Menschen haben. Erkennen Sie, welche Auswirkung dies auf Ihren Geist hat, und versuchen Sie zu erkennen, wie unsinnig es ist, sich in solch extremer Weise auf sie zu beziehen … Versuchen Sie, darüber nachzudenken und Ihre Emotionen gegenüber diesen beiden Gruppierungen abzuschwächen. Dann – und dies ist sehr wichtig – sollten Sie sich über die grundlegende Gleichheit zwischen sich und den anderen Lebewesen Gedanken machen. Den instinktiven, natürlichen Drang, glücklich zu sein und nicht leiden zu müssen, teilen Sie mit allen anderen lebenden Wesen. Und genau wie Sie selbst haben alle lebenden Wesen ein Anrecht auf die Erfüllung dieses uns allen angeborenen Strebens. Wo bleibt also die Basis für eine Diskriminierung?

Mit dem Herzen denken, 70–73

Echte Freundschaft wächst auf dem Boden der Zuneigung

Wenn man nur an sich selbst denkt und die Rechte und das Wohlergehen der anderen geringschätzt oder – schlimmer noch – sie ausbeutet, wird man am Ende der Verlierer sein. Man wird niemanden haben, der sich für einen interessiert. Im Falle eines Unglücks werden andere keine Anteilnahme, sondern eher Schadenfreude empfinden. Wenn wir hingegen altruistisch und mitfühlend an die Interessen anderer denken, haben wir, wohin wir auch gehen, Freunde und erfahren im Unglück von allen Seiten Beistand und Hilfe.

Echte Freundschaft wächst auf dem Boden der Zuneigung und nicht auf der Basis von Macht oder Geld. Wenn man einflußreich und wohlhabend ist, zieht das viele Menschen an, die einem Geschenke machen und liebenswürdig lächeln. Doch diese Art von Freunden sind sofort verschwunden, wenn Ihr Einfluß und Ihr Vermögen schwinden, keiner von ihnen wird den ernstlichen Versuch machen, Ihnen dann zu helfen. So sieht die Realität aus.

Freundschaft beruht auf Zuneigung, ohne Rücksicht auf Ihre Position. Je mehr Sie sich um das Wohl und die Rechte anderer sogen, desto mehr sind Sie echter Freundschaft fähig. Je offener und ehrlicher Sie sind, um so mehr werden Sie letztendlich gewinnen.

Mit dem Herzen denken, 75–76

Der Nutzen von Weisheit und Mitgefühl im täglichen Leben

Für Buddhisten ist das Entwickeln von Weisheit ebenfalls sehr wichtig. Ich meine hier jene Weisheit, mit der *shunya,* die eigentliche Natur der Wirklichkeit, erkannt wird. Dadurch sehen Sie zumindest die Unbeständigkeit in einem positiveren Licht. Wenn Sie die Möglichkeit der Unbeständigkeit anerkennen können, wird klar, daß auch das Leiden nichts Endgültiges ist und daß es eine Alternative dazu gibt, ist es der Mühe wert, sich anzustrengen. Mit den beiden ersten der Vier Edlen Wahrheiten des Buddha, der vom Leiden und von seiner Ursache, könnten wir nicht viel anfangen. Doch die zweite und die dritte, vornehmlich die Wahrheiten von der Unbeständigkeit, weisen auf einen anderen Modus des Existierens hin. Es gibt eine Möglichkeit, das Leiden zu beenden, und deshalb lohnt es sich, das Wesen des Leidens zu erkennen. Dazu benötigen wir Weisheit.

Der Buddhismus wird praktiziert, indem man diese Weisheit anwendet. Man benutzt seine Intelligenz, um das Wesen der Realität zu verstehen. Man wendet die geeigneten Mittel an und erzeugt Mitgefühl. Mitgefühl, eine mitfühlende Absicht, kann – wie ich meine – im täglichen Leben und in allen beruflichen Tätigkeiten von Nutzen sein.

Daß im Bereich der Erziehung eine mitfühlende Motivation wichtig ist, kann wohl kaum bezweifelt werden. Ob Sie gläubig sind oder nicht, Mitgefühl und Anteilnahme am Leben Ihrer Schüler und deren Zukunft – und nicht nur an ihren Examensnoten – machen Sie als Lehrer effektiver. Wenn Sie diese Motivation haben, werden sich Ihre Schüler ein Leben lang an Sie erinnern. In Tibet sagt man, daß die Wirksamkeit einer ärztlichen Behandlung davon abhängt, wie warmherzig der Arzt ist. Für den Fall, daß eine Therapie nicht anschlägt, machen tibetische Patienten den Charakter ihres Arztes verantwortlich. Sie vermuten dann, daß er kein liebevoller Mensch ist. Der arme Arzt handelt sich auf diese Weise manchmal einen schlechten Ruf ein!

Genauso wertvoll, wie eine mitfühlende und anteilnehmende Motivation im medizinischen Bereich ist, könnte sie es auch auf juristischem und politischem Gebiet sein. Es gäbe weniger Skandale, die Bürger hätten mehr Frieden und die Arbeit der Politiker wäre wirkungsvoller und würde stärker respektiert.

Meiner Ansicht nach ist Kriegsführung das Schlimmste. Doch sogar ein Krieg ist, wenn er mit Mitgefühl geführt wird, weniger zerstörerisch. Eine völlig entmenschlichte, mechanisierte Kriegsführung ohne jedes Gefühl ist noch entsetzlicher.

Auch im Bereich von Wissenschaft und Technik könnten meiner Meinung nach Mitgefühl und ein Sinn für Verantwortung Einzug halten. Vom rein wissenschaftlichen Standpunkt aus gesehen sind so grauenvolle Waffen wie Atombomben sicherlich eine großartige Leistung. Da sie unsagbares Leid über die Welt bringt, ist diese Leistung jedoch ausgesprochen negativ zu bewerten. Wenn man das Leiden und die Gefühle der Menschen nicht miteinbezieht, hat man keine Grenzmarkierung zwischen richtig und falsch. Aus diesem Grund ist Mitgefühl auf allen Gebieten notwendig.

Nur auf wirtschaftlichem Gebiet scheint es mir nicht ganz einfach, das Prinzip des Mitgefühls zur

Anwendung zu bringen. Trotzdem, auch diese Geschäftswelt setzt sich aus menschlichen Wesen zusammen, die Zuwendung und Wärme brauchen. Wenn aber Profit das einzige ist, was zählt, dann tun auch Drogenhändler nichts Unrechtes, sie machen einfach gute Geschäfte mit unerhörtem Profit. Weil sie damit der menschlichen Gesellschaft jedoch großen Schaden zufügen, nennen wir sie Verbrecher und heißen ihr Tun unrecht. Unter dieselbe Kategorie fallen Waffenhändler. Drogen- und Waffenhandel sind gleichermaßen gefährlich und unverantwortlich.

Aus diesem Grund scheint mir Mitgefühl auch in der Geschäftswelt eine Schlüsselfunktion zu besitzen. Immer dann, wenn Menschen ohne Gefühl handeln, wird es gefährlich. Wenn man mit Gefühl und einem Sinn für menschliche Werte handelt, werden alle menschlichen Aktivitäten konstruktiv.

Selbst die Religion, von der gemeinhin angenommen wird, sie helfe den Menschen, kann Schaden stiften, wenn ihr diese grundlegend humane, mitfühlende Einstellung fehlt. Unseligerweise werden immer noch durch Religionsunterschiede Probleme heraufbeschworen.

Das Thema einer humanen Motivation ist heute sowohl im Bereich der Erziehung wie auch auf anderen Gebieten etwas ins Hintertreffen geraten. In der Vergangenheit war dies eine Angelegenheit der Religion. Heutzutage, wo Religion in den Augen der Öffentlichkeit als leicht altmodisch gilt, haben die Menschen keinen Sinn mehr dafür, sie verlieren ihr Interesse an tieferen Werten. Ich glaube, hier sollte man zwei Dinge auseinanderhalten. Es ist gut, wenn Sie sich für Religion interessieren und sie respektieren. Doch auch wenn Sie zu jenen gehören, denen ein religiöser Glaube nichts bedeutet, darf Ihnen der Sinn für die tieferen Werte nicht verlorengehen.

Mit dem Herzen denken, 76–80

Mitgefühl ist die Quelle innerer Kraft

Je mehr sich Ihre altruistische Einstellung zu den anderen Wesen verstärkt, um so mehr wächst Ihnen Mut zu. Je mutiger Sie sind, desto weniger sind Sie geneigt, sich abschrecken zu lassen und die Hoffnung zu verlieren. Mitgefühl ist also eine Quelle innerer Kraft. Mit zunehmender innerer Kraft wird es möglich, feste Entschlossenheit zu entwickeln. Dadurch steigt die Aussicht auf Erfolg ungeachtet aller Hindernisse. Wenn Sie nämlich voller Zögern, Angst und mangelndem Selbstvertrauen sind, wird Ihre Einstellung immer pessimistischer werden, und dies halte ich für den wirklichen Keim des Versagens. Mit einer pessimistischen Einstellung schlägt sogar etwas, das Ihnen leicht gelingen könnte, fehl. Wenn Sie jedoch in schwierigen Angelegenheiten eine unerschütterliche Entschlossenheit beweisen, ist am Ende die Möglichkeit des Gelingens gegeben. Aus diesem Grund ist Mitgefühl auch in einem ganz konventionellen Sinn für zukünftigen Erfolg förderlich.

Je nach dem Entwicklungsstand der Weisheit gibt es verschiedene Stufen des Mitgefühls. Es gibt Mitgefühl, das von wahrer Einsicht in die letzte Natur der Wirklichkeit getragen ist, Mitgefühl, das auf dem Wahrnehmen des Leidens der anderen Lebewesen beruht. Der Grad Ihrer Einsicht in die Natur der Wirklichkeit bestimmt den Grad Ihres Mitgefühls. Für den Buddhismus ist es entscheidend, Mitgefühl mit Weisheit zu paaren. Mitgefühl ist wie eine sehr aufrichtige Person und Weisheit wie eine sehr fähige, wenn beide zusammenkommen, ist das Resultat besonders effizient.

Mit dem Herzen denken, 81–83

Mitgefühl entstehen lassen – eine hilfreiche Übung

Ein wachsendes Mitgefühl hat vielerlei positive Nebenwirkungen; so werden wir unter anderem flexibler in der Auseinandersetzung mit den Härten des Lebens und fähig, sie in etwas Positives zu transformieren. In dem *Führer auf dem Bodhisattva-Weg,* einem klassischen Text des Buddhismus, findet sich eine sehr geeignete Übung: Sie visualisieren Ihr altes Ich, die Verkörperung von Selbstsucht und Egoismus, und dem gegenüber eine Gruppe von Menschen stellvertretend für alle übrigen Wesen. Dann nehmen Sie die Position eines unvoreingenommenen Beobachters ein, der das Gewicht der Interessen und die Bedeutung der beiden Parteien gegeneinander abwägt. Versuchen Sie darüber nachzudenken, was für ein Fehler es ist, das Wohlergehen der anderen überhaupt nicht in Betracht zu ziehen, und was für das alte, selbstsüchtige Ich dabei herauskommt, sich so zu verhalten. Denken Sie dann darüber nach, welche Schlußfolgerungen Sie in der Rolle des neutralen Beobachters ziehen würden, das heißt, welche Interessen und wessen Wohlergehen wichtiger zu nehmen sind. Sie werden sich ganz spontan auf die Seite der zahllosen anderen Wesen stellen!

Mit dem Herzen denken, 80–81

Toleranz ist das Gegenteil von Ohnmacht

Toleranz und Geduld sollten nicht als Zeichen der Schwäche interpretiert werden. Sie sind Zeichen der Stärke. Toleranz und Geduld beinhalten aber nicht, daß man alles, was geschieht, hinnimmt. Toleranz heißt, daß man keine Wut, keinen Haß entwickelt. Wenn es aber tatsächlich dazu kommt, daß uns jemand etwas antut, und wir lassen uns das gefallen, dann könnte uns diese Person noch mehr ausnutzen, was weitere negative Folgen haben könnte.

Wir müssen die Situation also analysieren. Erfordert sie Gegenmaßnahmen, dann können wir diese zielgerichtet und ohne Wut ergreifen. Wir werden sogar feststellen, daß diese Maßnahme noch zielgerichteter ist, wenn sie nicht durch Wut motiviert ist. Wenn wir die Situation in aller Ruhe und sehr eingehend analysieren, ohne wütend zu sein, und dann handeln, haben wir eine viel größere Chance, direkt ins Schwarze zu treffen.

Im Einklang mit der Welt, 147

Angenommen, Sie sind ein Mensch, der sich zur Mittelklasse zählt. Sehr gut. Stehen Sie in Ihrem normalen Alltag am frühen Morgen auf, und verbringen Sie zumindest ein paar Minuten, wenn möglich eine halbe oder eine ganze Stunde, mit Meditation. Selbst wenn Sie nicht die tiefere Bedeutung kennen, richten Sie Ihre Gedanken ganz einfach nach innen, und versuchen Sie, einige Erfahrungen über die Natur des Geistes zu gewinnen. Diese Natur ist klares Licht. Versuchen Sie es, es wird Ihnen in dem Moment eine gewisse Entspannung und Erholung geben, und Sie werden auch mehr innere Ruhe gewinnen. Zudem trägt das nach innen gerichtete Denken, die nach innen gerichtete Meditation dazu bei, Ihren Geist zu schärfen, und auf diesem Weg wird auch die Kraft Ihres Gedächtnisses gestärkt. Das ist etwas, was Sie selbst im Geschäftsleben brauchen. Ein klarer, scharfer Verstand und ein gutes Gedächtnis sind sehr nützlich. Dann brauchen Sie keine Notizen, müssen nicht bei jeder Neuigkeit schnell nach Ihrem kleinen Notizbuch greifen. Denn alles können Sie oben im Kopf abspeichern. So ist die Schärfung des Geistes selbst im weltlichen Leben von großem Nutzen. Verbringen Sie also ein paar Minuten oder eine Stunde mit Meditation. Nehmen Sie danach ein gutes Frühstück zu sich, und gehen Sie dann Ihren üblichen Geschäften nach.

Bleiben Sie bei Ihrer Arbeit ein guter Mensch, ein ehrlicher Mensch. Hegen Sie keine Gefühle von Haß und Wut auf andere. Wenn jemand Ihnen gegenüber etwas falsch macht, dann können Sie durchaus in der richtigen Weise und im richtigen Maß reagieren, wie es den jeweiligen Umständen angemessen ist, ohne Ihre Geduld, Ihr Mitgefühl und Ihren inneren Frieden zu verlieren. Verhalten Sie sich in dieser Weise. So zu handeln, ist besonders in der Wettbewerbsgesellschaft wichtig.

Dann, am Abend, gehen Sie nicht in den Nachtklub oder hierhin und dorthin, sondern bleiben Sie zu Hause, entspannen Sie sich, sehen Sie von Zeit zu Zeit in den Fernseher, hören Sie die Nachrichten, und wenn Sie es wirklich benötigen, nehmen Sie ein leichtes Getränk, vielleicht etwas Bier, zu sich. Nehmen Sie sich dann noch einmal etwas Zeit zur Meditation. Fragen Sie sich, was Sie an diesem Tag wirklich getan haben. Prüfen Sie, rechnen Sie nach. Oft rechnen Sie Ihr Geld nach, wieviel Sie am Tag ausgegeben haben, wieviel Sie eingenommen haben, auch das ist wichtig; aber noch wichtiger ist, daß Sie die Taten des Tages nachrechnen, was Sie an falschen Dingen getan haben und was Sie an guten Dingen getan haben. Bekennen Sie sich Ihre schlechten Handlungen und bereuen Sie sie, freuen Sie sich über die guten Handlungen, und fassen Sie dabei den festen Entschluß, daß Sie auch in Zukunft weiter so handeln wollen. Dann legen Sie sich zum Schlafen, sehr ruhig – auch ohne Schlaftablette.

Yoga des Geistes, 29–31

Eine Meditation von Geben und Annehmen

Wir haben über die Nachteile einer ichbezogenen Denk- und Lebensweise nachgedacht und über die positiven Folgen der Sorge um das Wohl der anderen. Wenn wir dem zustimmen, können wir nun zu einer Übung in der buddhistischen Meditationspraxis übergehen, die „Hergeben und Aufsichnehmen" genannt wird und speziell dafür gedacht ist, die Kraft unseres Mitgefühls und unserer Liebe für die anderen Wesen zu fördern. Sie besteht im wesentlichen darin, zu visualisieren, daß man alles Leid, allen Schmerz, alle Negativität und alle unerfreulichen Erlebnisse der anderen Lebewesen auf sich nimmt und ihnen zum Austausch dafür die eigenen guten Qualitäten, die eigene positive Energie, Hab und Gut und das eigene Glück gibt. Obgleich diese Übung nicht unbedingt zu einer Verminderung des Leids der anderen führen muß, ist die psychologische Wirkung, die von dieser Übung ausgeht, doch so stark, daß in Ihrem Geist eine Veränderung stattfindet und die Entwicklung von Liebe und Mitgefühl beschleunigt wird.

Diese Übung in Ihren Lebensalltag zu übernehmen ist sehr wirkungsvoll. Sie kann einen äußerst positiven Einfluß auf Ihren Geist und Ihre Gesundheit haben. Wenn sie Ihnen wert scheint, praktiziert zu werden, sollten Sie dies tun, um Ihre fundamentalen guten menschlichen Qualitäten zu fördern, einerlei, ob Sie einen Glauben haben oder nicht.

Dabei dürfen Sei eines nicht vergessen: Die geistige Verwandlung braucht Zeit und ist nicht einfach. Im Westen mit seiner hochentwickelten Technologie wird manchmal angenommen, alles könne automatisch geschehen. Doch Sie können nicht erwarten, daß die spirituelle Verwandlung im Handumdrehen vor sich geht. So etwas ist nicht möglich. Denken Sie daran, bemühen Sie sich ständig, und Sie werden nach einem Jahr oder nach fünf, zehn, fünfzehn Jahren eine Veränderung bemerken. Auch ich finde es manchmal immer noch schwierig, diese Dinge zu praktizieren. Doch ich glaube wirklich, daß diese Übungen sehr, sehr nützlich sind.

Einer meiner Lieblingssprüche ist von Shantideva und lautet:

> Solange es fühlende Wesen gibt,
> solange der unendliche Raum besteht,
> solange will ich bleiben, um zu dienen
> oder wenigstens einen kleinen Beitrag zum
> Wohlergehen der anderen zu leisten.

Mit dem Herzen denken, 84–86

Am Ende einer Sitzung

Am Ende der Meditationssitzung, egal wie lang oder kurz sie war, ist es sehr wichtig, daß wir uns aufrichtig über das freuen, was wir getan haben. Wir widmen dann das positive Potential, das wir gewonnen haben, dem Erreichen der Erleuchtung um aller empfindenden Wesen willen. Es ist sehr wichtig, daß wir uns aufrichtig freuen, weil das die Kraft unseres Verdienstes steigert. Stellen wir uns vor, daß das ganze positive Potential, das wir während der Sitzung angesammelt haben, nicht auf unseren persönlichen Vorteil, sondern allein auf das Wohl anderer empfindender Wesen ausgerichtet ist. Auf ebendiese Weise widmen wir unser Verdienst dem Erlangen von Erleuchtung um anderer empfindender Wesen willen.

Verstärken wir unsere Übung zusätzlich, indem wir uns unser Verständnis von Leerheit vergegenwärtigen. Bedenken wir, daß alle Erfahrungen und Phänomene von ursächlichen Bedingungen abhängen. Indem wir unseren Verdienst (unsere Übungen, positiven Erfahrungen, Anm. des Herausgebers) widmen und von innerem Streben erfüllt beten, bewirken wir, daß alle Erfahrungen, die ja kein unabhängiges Wesen haben, von Nutzen sind. Wir rufen uns unser Verständnis von Leerheit ins Gedächtnis zurück und verstärken dadurch unsere Übung – ebendies kann endgültig bekräftigen, was wir während der Sitzung erreicht haben.

Man sollte nicht wie ein Schauspieler sein, der für die Aufführung ein Kostüm anzieht und es gleich wieder ablegt, wenn sie zu Ende ist. Viele von uns sind so. Obwohl wir während der Meditationssitzung die Praxis sehr ernsthaft durchführen, werden wir gleich hinterher rückfällig und sind wieder die alte negative Person. Wir machen einfach, was wir wollen – wir werden handgreiflich, streiten und so fort. Wir sollten weder so denken noch uns so verhalten. Während der eigentlichen Meditationssitzung ist die Sachlage völlig unproblematisch, weil es niemanden gibt, der uns in die Quere kommen könnte. Aber sobald wir uns von einer Sitzung erheben, werden wir auf viele äußere Bedingungen stoßen, die unserer Praxis womöglich schaden. Bei solchen Gelegenheiten ist es sehr wichtig, über unsere Aufmerksamkeit zu wachen und es nicht zuzulassen, daß unser Geist abgelenkt wird.

Meditation ist wie ein Wiederaufladen unserer Batterie. Während der eigentlichen Sitzung werden wir wieder aufgeladen, aber das Wiederaufladen unserer Batterie dient dem Zweck, sie anschließend zu verwenden. Wenn wir meditieren, versuchen wir, unseren Geist umzuwandeln, aber die Wirkung zeigt sich eigentlich erst in der Zeit nach der Meditation. Die Fortschritte, die wir während der Meditationssitzung gemacht haben, sollten wir nicht unbeachtet lassen oder verheimlichen, sondern sie in unserem Lebensalltag aufrechterhalten.

Am Ende der Sitzung sollten wir ... das von uns geschaffene Verdienst dem Wohle anderer widmen. Auf diese Weise beschließen wir die Hauptmeditationssitzung. Hinterher können wir uns um das angemessene Verhalten bemühen, wenn wir Nahrung essen, uns waschen und so fort. Wenn wir unser Leben auf diese Weise führen, werden wir die ganzen vierundzwanzig Stunden des Tages heilsam und bedeutungsvoll gestalten, und dann werden auch die Wochen, Monate und Jahre sich mit Sinn erfüllen.

Den Geist erwecken ..., 94–96

Unsere spirituelle Betätigung umfaßt ... Meditationssitzungen und den Zeitraum nach der Meditation. Die Leute gehen häufig von der Annahme aus, daß spirituelle Übungen nur in Meditationssitzungen durchgeführt werden; sie nehmen nicht zur Kenntnis, daß es dringend notwendig ist, auch in der Nach-Meditationsphase zu üben. Es ist wichtig, sich klarzumachen, daß dies eine falsche Auffassung ist. In der Nach-Meditationsphase ist das Üben ebenso wichtig. Wir müssen daher verstehen, wie die zwei Arten von Übung einander ergänzen. Das während der Meditation gewonnene spirituelle Verständnis sollte unser Verständnis in der Nach-Meditationsphase vertiefen und umgekehrt. Dank der Inspiration, die wir in den Meditationssitzungen gewinnen, können wir viele innere Vorzüge wie Mitgefühl, Wohltätigkeit, das Achten der guten Eigenschaften anderer und so fort entwickeln. Während der Sitzung fällt es viel leichter, eine gewisse „fromme Haltung" einzunehmen. Aber der wirkliche Test findet statt, wenn wir der Außenwelt gegenüberstehen. Daher müssen wir in unseren Übungen während der Nach-Meditationsphase gewissenhaft vorgehen.

Wenn wir dasitzen, unsere Gebete verrichten und meditieren, finden wir sicher zu einem inneren Frieden. Wir sind fähig, Mitgefühl gegenüber den Armen und Notleidenden zu entwickeln und werden unseren Rivalen gegenüber innerlich duldsamer. Der Geist ist entspannter und weniger aggressiv. Aber es fällt tatsächlich schwer, diesen Grundimpuls beizubehalten, wenn wir mit den Verhältnissen des wirklichen Lebens konfrontiert werden. Als Meditierende schulen wir uns gleichsam für die wirkliche Welt. Wenn wir unsere Erfahrungen der Meditation und unsere Erfahrungen innerhalb der Nach-Meditationsphasen nicht gezielt koordinieren und aufeinander abstimmen, wird unser spirituelles Bestreben seine dringend nötige Wirkung verfehlen.

Wir können während unserer Meditation gütig und mitfühlend sein, aber wenn uns jemand auf der Straße heftig zusetzt oder uns in der Öffentlichkeit beleidigt, ist es sehr gut möglich, daß wir wütend und aggressiv werden. Ja, womöglich revanchieren wir uns dann sofort dafür. Wenn dies geschieht, verschwinden augenblicklich alle Güte, Geduld und alles Verständnis, die wir in unserer Meditation entwickelt haben. Natürlich fällt es sehr leicht, mitfühlend und altruistisch zu sein, solange wir bequem auf unseren Kissen sitzen, aber auf die Probe gestellt wird die Übung dann, wenn wir auf ein Problem stoßen. Wenn wir zum Beispiel die Gelegenheit haben, handgreiflich zu werden oder zurückzuschlagen, und wir diese aggressive Handlung unterlassen, ist das Dharmapraxis. Wenn wir die Macht haben, jemanden zu drangsalieren, und dies unterlassen, ist das Dharmapraxis. Die wirkliche Dharmapraxis besteht somit darin, uns in solchen Situationen zu beherrschen.

Um unsere spirituelle Praxis zu festigen und dauerhaft zu gestalten, müssen wir uns durchgehend schulen. Ein Mensch, der nur in guten Zeiten übt, hat wenig Aussicht darauf, sein Ziel zu erreichen. Es ist außerordentlich wichtig, die Unterweisungen Tag für Tag, Monat für Monat und Jahr für Jahr in die Tat umzusetzen.

Jeder, der durchgehend übt, kann es zu spiritueller Verwirklichung bringen. Da jedes vergängliche Phänomen sich verändert, wird unser ungezügelter und ungeschliffener Geist eines Tages diszipliniert und weise, völlig entspannt und friedvoll werden. Solche wundervollen geistigen Qualitäten lassen sich einfach dadurch entwickeln, daß man den Vorzug heilsamen Denkens und Handelns und die Schattenseiten der Verblendung erkennt. Trotzdem ist es ganz entscheidend, daß der Übende die angemessene Technik und Methode lernt.

Den Geist erwecken ..., 100–102

Beruf und Achtsamkeit in Einklang bringen

Wenn wir von der Dharmapraxis sprechen, mißverstehen die Leute manchmal, was damit gemeint ist. Ich möchte es darum in die richtige Perspektive rücken. Den Dharma zu üben bedeutet nicht, daß man seinen Beruf aufgeben oder seine Besitztümer loswerden muß. Es gibt unterschiedliche Praxisebenen, die der jeweiligen individuellen Fähigkeit und geistigen Veranlagung entsprechen.

Nicht jeder kann der Welt entsagen und in den Bergen meditieren. Das ist nicht praktikabel. Wie lange könnten wir überleben? Wir würden bald sterben. Wir brauchen Landwirte, die Nahrungsmittel produzieren, und wir brauchen ebenso den Rückhalt der arbeitenden Bevölkerung. Auch diese Menschen können die Unterweisungen in die Tat umsetzen und ihr Leben genau im Bereich des Dharma einrichten. Geschäftsleute müssen Profit machen, um ihren Lebensunterhalt zu verdienen, aber der Profit sollte relativ gering sein. Auf ähnliche Weise können Menschen in anderen Branchen und Berufen ehrlich und gewissenhaft arbeiten, ohne zum Dharma in Widerspruch zu geraten. Auf diese Art können sie der Gemeinschaft dienen und das wirtschaftliche Gesamtsystem unterstützen.

Für gewöhnlich rate ich den Leuten, die Hälfte ihrer Zeit den weltlichen Angelegenheiten und die andere Hälfte der Dharmapraxis zu widmen. Ich denke, daß dies für die meisten Menschen ein ausgewogener Ansatz ist. Selbstverständlich brauchen wir die wahren Entsagenden, die ihr gesamtes Leben der Praxis widmen. Sie verdienen unsere Hochachtung und Verehrung. Wir können sie innerhalb aller Überlieferungslinien des tibetischen Buddhismus finden. Viele von ihnen meditieren im Himalaja.

Den Geist erwecken …, 120–121

Meditation und das Leben selbst sind meine großen Lehrer

Und dann habe ich auch durch regelmäßige Meditation, mehrmals am Tag, viele Erkenntnisse gewonnen. Bei uns gibt es vor allem zwei Arten der Meditation. In der einen geht es um die Konzentration, die geistige Ruhe. Bei der anderen geht es um die Analyse, die tiefere Einsicht in die Dinge. Bei meinen Meditationsübungen beschäftige ich mich hauptsächlich mit dem Mitgefühl, mit der Unterscheidung zwischen dem Ich und den anderen und mit der wechselseitigen Abhängigkeit aller Dinge und Lebewesen voneinander, besonders der Menschen. Ich bete, meditiere oder studiere täglich fünfeinhalb Stunden oder sogar länger. Aber ich bete auch während des übrigen Tages, wenn immer sich eine Gelegenheit ergibt. Wir haben Gebete für alles, was wir tun. Für den Buddhisten gibt es kaum einen Unterschied zwischen Religion und Alltag.

Meine wichtigste Schule aber war das Leben selbst mit seinen großen Herausforderungen und den vielen Schwierigkeiten, die mein Volk zu meistern hatte. Mein Schicksal als Flüchtling hat mich oft in verzweifelte, fast hoffnungslose Situationen gebracht. Es hat mich unentwegt gezwungen, mich mit der rohen Wirklichkeit auseinanderzusetzen. Unter diesem ständigen Druck mußte ich immer wieder meine äußerste Entschlossenheit und innere Stärke beweisen. Vor allem ging es darum, den Mut und die Hoffnung nicht zu verlieren. Die tägliche Meditation und die Lebenserfahrung sind die beiden Bereiche, denen ich wohl am meisten verdanke.

Mitgefühl und Weisheit, 32–33

Freundlichkeit ist meine wahre Religion

Freundlichkeit ist meine wahre Religion. Gleichgültig, ob du studiert hast oder nicht, ob du an Gott glaubst oder Buddha oder irgendeine andere Religion oder nicht: im Leben von Tag zu Tag mußt du ein freundlicher Mensch sein. Wenn du von Freundlichkeit motiviert bist, spielt es keine Rolle, ob du Arzt bist oder Rechtsanwalt, Politiker oder Beamter, Arbeiter oder Ingenieur. Was auch immer dein Beruf oder Arbeitsgebiet ist: tief im Innern bist du ein freundlicher Mensch.

Liebe, Mitgefühl und Toleranz sind Notwendigkeit, nicht Luxus. Ohne sie kann die Menschheit nicht überleben. Wenn du einer bestimmten Überzeugung oder einer Religion angehörst, so ist dies gut. Aber du kannst auch ohne sie überleben, wenn du Liebe, Mitgefühl und Toleranz besitzt. Der klare Beweis für die Gottesliebe eines Menschen ist, daß dieser seinen Mitmenschen echte Liebe zeigt.

Um das Glück und Wohl anderer zu fördern, müssen wir eine besondere altruistische Einstellung haben, mit der wir die Bürde auf uns nehmen können, anderen zu helfen. Dazu wiederum müssen wir großes Mitgefühl besitzen, uns des Leidens anderer annehmen und etwas daran verändern wollen. Um schließlich starkes Mitgefühl zu haben, brauchen wir einen ausgeprägten Liebes-Sinn, der beim Anblick fühlender Wesen den Wunsch verspürt, daß sie glücklich sind, der sich über jeden freut und ihm wünscht, daß er glücklich sei, wie eine Mutter es ihrem geliebten Kind ersehnt. Um dir eine Vorstellung von der Nähe zu anderen und für deine

Wertschätzung für sie zu machen, denke an eine Person in deinem Leben, die sehr freundlich zu dir war. Dann dehne die Dankbarkeit, die dich erfüllt, auf alle Wesen aus.

Wege zu Gott ..., 19–20

Quellenverzeichnis

KAPITEL 1
VON DER SUCHE NACH ZUFRIEDENHEIT UND GLÜCK

„Unser Recht auf Glück“, aus: Mitgefühl und Weisheit – Ein großer Mensch im Gespräch mit Felizitas von Schönborn, Herder/Spektrum 1994, S. 99.

„Inneres Glück ist etwas sehr Wertvolles“, aus: Mit dem Herzen denken, O. W. Barth Verlag 1997, S. 10–13.

„Auf die Einstellung kommt es an“, aus: Mit dem Herzen denken, O. W. Barth Verlag 1997, S. 18–22.

„Was unser Glück ausmacht“, aus: Mit dem Herzen denken, O. W. Barth Verlag 1997, S. 49–55.

„Reichtum ist keine Garantie für Glück“, aus: Mitgefühl und Weisheit – Ein großer Mensch im Gespräch mit Felizitas von Schönborn, Herder/Spektrum 1994, S. 97.

„Ichbezogenheit führt zum Ruin“, aus: Den Geist erwecken, das Herz erleuchten, Droemer Knaur Verlag 1996, S. 208–209.

„Glück ist nicht käuflich“, aus: Mitgefühl und Weisheit – Ein großer Mensch im Gespräch mit Felizitas von Schönborn, Herder/Spektrum 1994, S. 98.

„Genügsamkeit befreit“, aus: Mitgefühl und Weisheit – Ein großer Mensch im Gespräch mit Felizitas von Schönborn, Herder/Spektrum 1994, S. 71.

„Über Zufriedenheit meditieren“, aus: Mit dem Herzen denken, O. W. Barth Verlag 1997, S. 145.

„Das Streben nach Glück ist ganz natürlich“, aus: Eine Politik der Güte, Walter Verlag 1992, S. 119–123.

„Das Leben mit Sinn erfüllen“, aus: Den Geist erwecken, das Herz erleuchten, Droemer Knaur Verlag 1996, S. 209–211.

KAPITEL 2
VOM UMGANG MIT EIGENEN GRENZEN

„Die Innenwelt des Geistes erforschen", aus: Mit dem Herzen denken, O. W. Barth Verlag 1997, S. 45–46.

„Wenn Wut und Haß den Blick trüben", aus: Mit dem Herzen denken, O. W. Barth Verlag 1997, S. 56–58.

„Den ‚Feind' zum Lehrer machen", aus: Mit dem Herzen denken, O. W. Barth Verlag 1997, S. 58–63.

„Das verschlossene Herz öffnen", aus: Mit dem Herzen denken, O. W. Barth Verlag 1997, S. 134–135.

„Die Angst durchschauen", aus: Mit dem Herzen denken, O. W. Barth Verlag 1997, S. 137–138.

„Den Zorn überwinden", aus: Eine Politik der Güte, Walter Verlag 1992, S. 54–57.

„Tiefen Ängsten ihren Schrecken nehmen", aus: Eine Politik der Güte, Walter Verlag 1992, S. 109–110.

„Sich Selbstachtung schenken", aus: Den Geist erwecken, das Herz erleuchten, Droemer Knaur Verlag 1996, S. 202–203.

„Auf die Sichtweise kommt es an", aus: Brücken von Herz zu Herz. Gespräche über die Liebe, Aquamarin-Verlag 1994, S. 92.

„Zwei Arten von Ego", aus: Mit dem Herzen denken, O. W. Barth Verlag 1997, S. 16–18.

„Unterscheiden lernen", aus: Eine Politik der Güte, Walter Verlag 1992, S. 106–107.

„Veränderung ist möglich", aus: Im Einklang mit der Welt, Gustav Lübbe Verlag 1993, S. 26–29.

„Wandlung braucht Zeit", aus: Eine Politik der Güte, Walter Verlag 1992, S. 90–92.

„Die Hoffnung wiederfinden", aus: Eine Politik der Güte, Walter Verlag 1992, S. 103–104.

KAPITEL 3
VON DER VERANTWORTUNG FÜR SICH UND DIE WELT

„Das Verantwortungsbewußtsein wachsen lassen“, aus: Eine Politik der Güte, Walter Verlag 1992, S. 116–118.

„Vom Überleben in einer ständig kleiner werdenden Welt“, aus: Eine Politik der Güte, Walter Verlag 1992, S. 16–19.

„Umweltprobleme sind Ausdruck unserer Gier“, aus: Mit dem Herzen denken, O. W. Barth Verlag 1997, S. 112–113.

„Egoismus bringt uns nicht weiter“, aus: Mit dem Herzen denken, O. W. Barth Verlag 1997, S. 74–75.

„Verantwortung ist eine Frage des Überlebens“, aus: Eine Politik der Güte, Walter Verlag 1992, S. 116–118.

„Der Einzelne handelt nicht alleine“, aus: Mit dem Herzen denken, O. W. Barth Verlag 1997, S. 166–167.

„Engagement in Politik und Gesellschaft“, aus: Mitgefühl und Weisheit – Ein großer Mensch im Gespräch mit Felizitas von Schönborn, Herder/Spektrum 1994, S. 115.

„Das eigene Potential erkennen“, aus: Mit dem Herzen denken, O. W. Barth Verlag 1997, S. 13–15.

„Es kommt auf jeden Einzelnen an“, aus: Eine Politik der Güte, Walter Verlag 1992, S. 58.

„Das Zeitalter universeller Verantwortung ist da“, aus: Eine Politik der Güte, Walter Verlag 1992, S. 112–115.

KAPITEL 4
VON DER VERANTWORTUNG DER LIEBE

„Kinder brauchen Liebe“, aus: Mitgefühl und Weisheit – Ein großer Mensch im Gespräch mit Felizitas von Schönborn, Herder/Spektrum 1994, S. 85–86.

„Kinder brauchen Schutz“, aus: Mit dem Herzen denken, O. W. Barth Verlag 1997, S. 120–121.

„Was Eltern beachten sollten“, aus: Mitgefühl und Weisheit – ein großer Mensch im Gespräch mit Felizitas von Schönborn, Herder/Spektrum 1994, S. 84–85.

„Erziehung zum ganzen Menschen", aus: Mitgefühl und Weisheit – Ein großer Mensch im Gespräch mit Felizitas von Schönborn, Herder/Spektrum 1994, S. 73–74.

„Sich mit der Ehe Zeit lassen", aus: Eine Politik der Güte, Walter Verlag 1992, S. 110.

„Liebe, die auf Einsicht beruht", aus: Im Einklang mit der Welt, Gustav Lübbe Verlag 1993, S. 63–64.

„Sexualität braucht einen Sinn für Verantwortung", aus: Mit dem Herzen denken, O. W. Barth Verlag 1997, S. 22–24.

„Geburtenkontrolle ist unerläßlich", aus: Mit dem Herzen denken, O. W. Barth Verlag 1997, S. 24–25.

„Wirkliche Liebe ist ein kostbarer Edelstein", aus: Mit dem Herzen denken, O. W. Barth Verlag 1997, S. 66–67.

KAPITEL 5
VON RELIGION UND GLAUBE IN DER HEUTIGEN ZEIT

„Auf verschiedenen Wegen zum selben Ziel", aus: Eine Politik der Güte, Walter Verlag 1992, S. 60–62.

„Weshalb Glaubensunterschiede nützlich sind", aus: Eine Politik der Güte, Walter Verlag 1992, S. 63–64.

„Dasselbe muß nicht das Gleiche sein", aus: Eine Politik der Güte, Walter Verlag 1992, S. 59.

„Eine Religion, die die Bedürfnisse aller Menschen stillt, gibt es nicht", aus: Mit dem Herzen denken, O. W. Barth Verlag 1997, S. 83–84.

„Der Dialog ist wichtig", aus: Mitgefühl und Weisheit – Ein großer Mensch im Gespräch mit Felizitas von Schönborn, Herder/Spektrum 1994, S. 50–52.

„Der Mensch braucht spirituelle Nahrung", aus: Wege zu Gott – Leben aus der Liebe, Alf Lüchow Verlag 1991, S. 20–21.

„Ein Buddhismus westlicher Prägung entsteht", aus: Eine Politik der Güte, Walter Verlag 1992, S. 92–93.

„Von buddhistischer Meditation kann jeder lernen", aus: Mitgefühl und Weisheit – Ein großer Mensch im Gespräch mit Felizitas von Schönborn, Herder/Spektrum 1994, S. 66.

„Zurechtfinden in der spirituellen Vielfalt", aus: Mitgefühl und Weisheit – Ein großer Mensch im Gespräch mit Felizitas von Schönborn, Herder/Spektrum 1994, S. 80.

„Seine Religion wechselt man nicht wie ein abgetragenes Hemd“, aus: Mitgefühl und Weisheit – Ein großer Mensch im Gespräch mit Felizitas von Schönborn, Herder/Spektrum 1994, S. 82.

„Religion in der säkularisierten Welt“, aus: Mitgefühl und Weisheit – Ein großer Mensch im Gespräch mit Felizitas von Schönborn, Herder/Spektrum 1994, S. 66–67.

„Das Geschenk der Hoffnung“, aus: Mitgefühl und Weisheit – Ein großer Mensch im Gespräch mit Felizitas von Schönborn, Herder/Spektrum 1994, S. 53.

KAPITEL 6
VON DER FRIEDVOLLEN VORBEREITUNG AUF DEN TOD

„Der Tod gehört zum Leben“, aus: Mit dem Herzen denken, O. W. Barth Verlag 1997, S. 30–31.

„Sich mit dem Tod vertraut machen“, aus: Tod und Unsterblichkeit im Buddhismus, Herder/Spektrum 1997, S. 86–89.

„Verdrängen ist keine Alternative“, aus: Die Freude, friedvoll zu leben und zu sterben, Droemer Knaur Verlag 1998, S. 60.

„Den letzten Schritt geht jeder alleine“, aus: Den Geist erwecken, das Herz erleuchten, Droemer Knaur Verlag 1996, S. 117–120.

„Weshalb es so wichtig ist, über den Tod zu meditieren“, aus: Die Freude, friedvoll zu leben und zu sterben, Droemer Knaur Verlag 1998, S. 61–64.

„Das Wesentliche erkennen“, aus: Eine Politik der Güte, Walter Verlag 1992, S. 105.

„Vergänglichkeit und Tod – eine Meditation“, aus: Tod und Unsterblichkeit im Buddhismus, Herder/Spektrum, S. 90–91.

„Wie ich mich vorbereite“, aus: Mit dem Herzen denken, O. W. Barth Verlag 1997, S. 40–42.

„Zum Zeitpunkt des Todes“, aus: Mit dem Herzen denken, O. W. Barth Verlag 1997, S. 43.

„In geistiger Gelassenheit sterben“, aus: Eine Politik der Güte, Walter Verlag 1992, S. 106.

KAPITEL 7
VON DER KUNST, EIN ACHTSAMES LEBEN ZU FÜHREN

„Wie man täglich üben sollte“, aus: Eine Politik der Güte, Walter Verlag 1992, S. 100.

„Die Freude, ein einfaches Leben zu führen“, aus: Eine Politik der Güte, Walter Verlag 1992, S. 47.

„Ohne liebende Güte gibt es kein Leben“, aus: Eine Politik der Güte, Walter Verlag 1992, S. 101.

„Wirkliches Mitgefühl entwickeln“, aus: Mit dem Herzen denken, O. W. Barth Verlag 1997, S. 70–73.

„Echte Freundschaft wächst auf dem Boden der Zuneigung“, aus: Mit dem Herzen denken, O. W. Barth Verlag 1997, S. 76–80.

„Der Nutzen von Weisheit und Mitgefühl im täglichen Leben“, aus: Mit dem Herzen denken, O. W. Barth Verlag 1997, S. 76–80.

„Mitgefühl ist eine Quelle innerer Kraft“, aus: Mit dem Herzen denken, O. W. Barth Verlag 1997, S. 81–83.

„Mitgefühl entstehen lassen – eine hilfreiche Übung“, aus: Mit dem Herzen denken, O. W. Barth Verlag 1997, S. 80–81.

„Toleranz ist das Gegenteil von Ohnmacht“, aus: Im Einklang mit der Welt, Gustav Lübbe Verlag 1993, S. 147.

„Meditieren im Alltag“, aus: Yoga des Geistes, dharma edition 1991, S. 29–31.

„Eine Meditation von Geben und Annehmen“, aus: Mit dem Herzen denken, O. W. Barth Verlag 1997, S. 84–86.

„Am Ende einer Sitzung“, aus: Den Geist erwecken, das Herz erleuchten, Droemer Knaur Verlag 1996, S. 94–96.

„Meditation und Alltag sind eins“, aus: Den Geist erwecken, das Herz erleuchten, Droemer Knaur Verlag 1996, S. 100–102.

„Beruf und Achtsamkeit in Einklang bringen“, aus: Den Geist erwecken, das Herz erleuchten, Droemer Knaur Verlag 1996, S. 120–121.

„Meditation und das Leben selbst sind meine großen Lehrer“, aus: Mitgefühl und Weisheit – Ein großer Mensch im Gespräch mit Felizitas von Schönborn, Herder/Spektrum 1994, S. 32–33.

„Freundlichkeit ist meine wahre Religion“, aus: Wege zu Gott – Leben aus der Liebe, Alf Lüchow Verlag 1991, S. 19–20

Literaturverzeichnis

Dalai Lama: Mit dem Herzen denken – Mitgefühl und Intelligenz sind die Basis menschlichen Miteinanders, © alle deutschsprachigen Rechte by Scherz Verlag, Bern, München, Wien für den O. W. Barth Verlag, Bern, 1997.

Dalai Lama: Eine Politik der Güte, © Walter Verlag, Zürich und Düsseldorf, 1992.

Dalai Lama: Den Geist erwecken, das Herz erleuchten, Deutsche Ausgabe © 1996 Droemer Knaur Verlag, München.

Dalai Lama: Mitgefühl und Weisheit – Ein großer Mensch im Gespräch mit Felizitas von Schönborn, Herder-Verlag, Freiburg, 1994.

Dalai Lama: Die Freude, friedvoll zu leben und zu sterben, Deutsche Ausgabe © 1996 Droemer Knaur Verlag, München.

Dalai Lama: Im Einklang mit der Welt – Der Friedensnobelpreisträger im Gespräch, G. Lübbe Verlag, Bergisch Gladbach, 1993.

Dalai Lama: Liebe, Mitgefühl und Toleranz, in Shield, Benjamin u. Richard Carlson: Wege zu Gott – Leben aus der Liebe, übersetzt von Karl Friedrich Hörner, © Verlag Alf Lüchow, Freiburg 1991.

Dalai Lama: Yoga des Geistes, © dharma edition, Tibetisches Zentrum Hamburg, Hamburg [2]1991.

Dalai Lama: Tod und Unsterblichkeit im Buddhismus, Herder-Verlag, Freiburg 1997, aus: Dalai Lama, Gesang der inneren Erfahrung. © dharma edition, Hamburg.

Peter Michel: Brücken von Herz zu Herz, Gespräche über die Liebe, Aquamarin-Verlag, Grafing 1994.

Spirituelle Wege

Dalai Lama
Der Weg zum Glück
Sinn im Leben finden
Hg. von Jeffrey Hopkins
160 Seiten, gebunden mit Schutzumschlag
ISBN 3-451-27637-2

Der Dalai Lama ist überzeugt: Wir können etwas tun zu unserem Glück. Gelassenheit und Seelenruhe sind jedem möglich. Eine der großen und überzeugenden Persönlichkeiten unserer Zeit gibt in diesem Buch eine persönliche Einführung in die Praxis des meditativen Lebens. Innere Zufriedenheit ist dem möglich, der sich von all dem befreit, was im Leben unwesentlich ist. Ein Handbuch der Lebenskunst.

Gabriele Hartlieb, Christoph Quarch,
Bernardin Schellenberger (Hg.)
Spirituell leben
115 Inspirationen von Achtsamkeit bis Zufall
ca. 448 Seiten, gebunden mit Schutzumschlag
ISBN 3-451-27904-5

Unserer Suche ein Ziel geben, Sinn im Alltag finden – das meint Spiritualität. Gesicherte Informationen über gelebte Religion. Überzeugende, inspirierende Antworten für das eigene Leben:
Von Atmen bis Traum, von Beziehung bis Freundschaft, von Erotik bis Zen, von Beruf bis Gewalt – persönliche und fundierte Texte erfahrener Autorinnen und Autoren. Für alle, die auf der Suche nach Orientierung sind.

Die Seele der Religionen

Ralf Tooten
Augen der Weisheit
Das spirituelle Gesicht der Religionen
Über 100 s/w-Fotos
Hg. von Bernhard Strathmann
192 Seiten, gebunden mit Schutzumschlag
ISBN 3-451-27011-0

Gesichter – die wie eine Vision sind. Unvergesslich eindrückliche Bilder, die die Seele der Religionen reflektieren. Ralf Tooten ist in mehreren Reisen um den Erdball Menschen begegnet, die die spirituelle Kraft gelebter Religionen ausstrahlen. Menschen, die geprägt und ergriffen sind von einer anderen, tieferen Wirklichkeit: Der pakistanische Sufimeister und der vietnamesische Zenmönch. Der Dalai Lama und die Nonne im Slum von Kalkutta. Der greise Daoist und der indische Fastenyogi. Jeshiwaschüler aus Jerusalem und sibirische Schamanen. Große Religionsführer und unbekannte Gläubige: Eindrucksvolle spirituelle Portraits, die mehr sind als das: Veranschaulichung der Einheit der religiösen Traditionen unserer Erde in einer zusammenrückenden Welt. Ein außergewöhnlicher Bildband in exquisiter Qualität.